Grammatik

kreativ

Materialien für einen
lernerzentrierten Grammatikunterricht

von
Günter Gerngroß
Wilfried Krenn
Herbert Puchta

Langenscheidt

Berlin · München · Wien · Zürich · New York

Redaktion: Ilonka Kunow

Illustrationen: Irmtraud Guhe

Layout: Johannes Kojer

Satz: Easy Pic Library GmbH

Grammatik kreativ folgt der reformierten deutschen Rechtschreibung.

Umwelthinweis: Gedruckt auf chlorfrei gebleichtem Papier

7. 8. 9. 10. * 13 12 11 10 09

Vorwort

Sprachunterricht kann des Öfteren mühsam sein: Als Lehrerin oder Lehrer bemüht man sich, möglichst einprägsam, mit Hilfe mehr oder weniger authentischer Texte, mehr oder weniger kommunikativ, spielerisch und lernerzentriert neuen Wortschatz, neue Redemittel und neue Strukturen zu präsentieren. Man lässt die Lernenden diese neuen Strukturen verwenden, macht sie ihnen bewusst, erklärt Regeln oder lässt Regeln finden. Und natürlich lässt man üben: Man lässt umformen und einsetzen, ergänzen und zusammensetzen, zuordnen und unterstreichen, erfragen und beantworten.

Sobald es für die Lerner dann aber darum geht, die so erworbenen neuen Wörter und Strukturen selbständig zu verwenden, bleiben Erfolgserlebnisse oft aus. Wenn kein Lehrer, kein Lehrbuch und keine Übungsanweisung mehr vorgeben, was zu tun ist, wenn die Lerner, konfrontiert mit der fremdsprachigen Realität, sich selbst überlassen bleiben, scheint vieles von dem, was mühsam gelernt wurde, plötzlich vergessen zu sein – und das ist für alle Beteiligten enttäuschend. So bleibt in den meisten Fällen nichts anderes übrig, als im Unterricht von neuem mit der anstrengenden Arbeit des Präsentierens, Erklärens und dem Üben zu beginnen.

„Grammatik kreativ" soll Ihnen diese Arbeit erleichtern. Das Buch, das als Zusatzmaterial für die Hand des Lehrers/der Lehrerin entwickelt wurde, greift in 46 Kapiteln ausgewählte Grammatikprobleme auf, die unserer Erfahrung nach für viele Lerner verschiedenster Muttersprachen wichtig und schwierig sind. Die Unterrichtseinheiten sollen beispielhaft darstellen, wie diese grammatikalischen Strukturen, deren Bedeutung, Verwendung und Funktion Sie zuvor schon einmal unterrichtet haben, im Unterricht sinnvoll geübt und gefestigt werden können.

„Grammatik kreativ" bietet Ihnen dazu eine Vielzahl von Aktivitäten an, die ein effizientes, abwechslungsreiches und vor allem kreatives Üben ermöglichen sollen. Im Zentrum jeder Einheit steht ein Text, der die Form und Funktion der jeweiligen Struktur beispielhaft darstellt. Mit Hilfe dieser „Modelltexte" verfassen die Lerner am Ende jeder Unterrichtseinheit eigene Texte, in denen die jeweils ausgewählte Struktur verwendet wird. Einleitende Übungen am Beginn jeder Unterrichtssequenz bereiten auf die Textproduktion vor: Sie helfen, den nötigen Wortschatz bereitzustellen, die grammatikalischen Strukturen einzuüben sowie Ideen für das Schreiben zu entwickeln und zu sammeln.

„Grammatik kreativ" wurde für viele verschiedene Zielgruppen geschrieben, die Einheiten können Sie sowohl im Erwachsenenunterricht als auch im Fremdsprachenunterricht mit Kindern und Jugendlichen einsetzen.

Wir wollen in „Grammatik kreativ" zeigen, dass Grammatikunterricht nicht langweilige Unterrichtsroutine sein muss. Im Mittelpunkt unserer Überlegungen standen immer die Lerner, deren Vorstellungskraft, Humor und Kreativität wir anregen wollten. Wir haben alle Einheiten im Unterricht erprobt und von den Rückmeldungen der Kollegen und Kolleginnen und der Lerner profitiert. Aufgrund unserer Erfahrungen sind wir überzeugt davon, dass auch Sie und Ihre Kursteilnehmer sehr bald entdecken werden, dass Grammatikunterricht Spaß machen kann.

Günter Gerngroß / Wilfried Krenn / Herbert Puchta

Inhalt

EINLEITUNG

Regelwissen und Regelanwendung im Grammatikunterricht **6**
Wie Sie mit „Grammatik kreativ" arbeiten **7**
„Grammatik kreativ" im Unterricht – eine Modelleinheit **8**

DAS VERB

1 Ich liebe ... – sie liebt **16**
2 Bleib doch im Bett, wenn du krank bist! **19**
3 Gute Ratschläge **22**

ZEIT

4 Briefe an Frau Josephine **25**
5 Die Sternschnuppe im Swimmingpool **27**
6 Warum hat sie geweint? **31**
7 Was für eine Überraschung **33**
8 Wo sie wohl ist? **37**
9 Nachdem er **41**
10 Ich habe nicht kommen können **45**

KONJUNKTIV

11 Ich wäre lieber **48**
12 Alles nur Ausreden **50**
13 Ich hätte gerne **53**
14 Wenn sie eine Farbe wäre, wäre sie Rosa **55**
15 Es wäre gut, wenn .../Du solltest **57**
16 Kindheitsträume **60**
17 Was wollt ihr von mir? **63**
18 Wenn sie mich angesehen hätte **65**
19 Als er über die Brücke lief, ... **68**
20 Lügen, nichts als Lügen **71**

PASSIV

21 Was für ein Tag! **73**
22 Es wurde viel gelacht **76**
23 Bitte nicht vergessen! **78**

DAS NOMEN

24 Von der Liebe erzählen viele **83**
25 Kosmischer Cocktail **87**
26 Was ist blau? **90**
27 Petras Pausenbrot **94**
28 Welches Buch? **96**
29 Morgen wird umgeräumt **98**

NOMEN UND ADJEKTIV

30 Der schönste Diamant **105**
31 Bin ich nicht sehr, sehr süß? **108**
32 Blumen, Tiger und hohe Bäume **110**

DER SATZ

33 Tiere findet sie toll **114**
34 Fragen, die ich mag – Fragen, die ich hasse **115**

<u>NEBENSÄTZE</u>

35 Und trotzdem freue ich mich **118**
36 Was ist mit dir los? **122**
37 Ich möchte, dass er beim Essen nicht schlürft **127**
38 Zu viele Fragen **131**
39 Stört dich das wirklich? **134**
40 Ich bin immer meiner Zeit voraus **137**
41 Ich möchte jemanden kennen lernen, ... **140**
42 Man kocht damit **143**
43 Der Klang einer Glocke **146**
44 Je – desto **150**

<u>INFINITIVSÄTZE</u>

45 Hättest du nicht Lust ...? **152**
46 Alles nur, um reich zu werden **156**

<u>ANHANG</u>

Bibliographie **159**
Register **160**

Abkürzungen

TN:	der/die Kursteilnehmer/in	KL:	der/die Kursleiter/in
OHP:	Overhead-/Tageslichtprojektor	KV:	Kopiervorlage

Wenn im Text von „dem KL" oder „dem TN" die Rede ist, sind selbstverständlich auch Kursleiterinnen und Teilnehmerinnen angesprochen. Alle Texte, die mit „KV" gekennzeichnet sind, sowie prinzipiell alle Modelltexte können Sie für Ihren Unterricht kopieren. Vorschlag für die Vergrößerung: zweimal 141 %. Alle Modelltexte und Kopiervorlagen finden Sie auch im Internet unter der Adresse:
http://www.langenscheidt.de

Benutzte Symbole und ihre Bedeutung

KL erzählt oder erklärt etwas

Interaktion zwischen KL und TN oder zwischen TN

Partnerarbeit

Gruppenarbeit

Textskelett, Textergänzungsübung

Kreatives Schreiben

Der Modelltext wird als Ganzes präsentiert

Strukturen/Textimpuls an der Tafel vorgeben

Einleitung

Regelwissen und Regelanwendung im Grammatikunterricht

Warum analytische Methoden allein nicht ausreichen

Analytische Verfahren im Grammatikunterricht

Für viele KL ist der Erwerb von Regelwissen immer noch ein vorrangiges Lernziel im Grammatikunterricht. Sie präsentieren grammatikalische Strukturen, formulieren Regeln, erklären Ausnahmen und listen diese auf. Das Erklären und Verstehen sprachlicher Strukturen steht dabei im Vordergrund des Unterrichts, und von den TN wird erwartet, dass sie sich analytisch denkend mit der fremden (und eigenen) Sprache auseinander setzen. Manche – vor allem erwachsene – Lerner können auch ganz gut mit Methoden umgehen, bei denen analytische Verfahren angewendet werden; die meisten Kinder und Jugendlichen allerdings haben damit Schwierigkeiten.

Für manche Ihrer TN, die von sich aus wissen wollen, nach welchen Gesetzmäßigkeiten sprachliche Strukturen funktionieren und sich vom Grammatikunterricht die Vermittlung dieses Wissens erwarten, mag ein auf analytischen Verfahren aufbauender Grammatikunterricht durchaus vorteilhaft und sinnvoll sein. Trotzdem ist auch für diese Lerner der Erwerb formalen Regelwissens allein zu wenig. Es gibt unzählige Belege dafür, dass Lerner, ganz unabhängig von Alter, Lerntypus und bevorzugter Lernmethode, meist nicht in der Lage sind, ihr im traditionellen Grammatikunterricht erworbenes Regelwissen in aktives Sprachhandeln umzu-

Grammatikwissen automatisieren

setzen. Das heißt, das Wissen über grammatikalische Strukturen muss im Unterricht auch angewandt, die grammatikalische Struktur von den TN immer wieder in kommunikativen Situationen verwendet werden.

Für „Grammatik kreativ" haben wir nach Wegen gesucht, die helfen, das Hauptproblem des Grammatikunterrichts, nämlich die Diskrepanz zwischen Grammatikwissen und Grammatikanwendung, zu bewältigen. Darüber hinaus wollten wir zeigen, dass es durchaus möglich sein kann, auch mit ganzheitlichen Methoden effizient und erfolgreich Grammatik zu unterrichten.

Fremdsprachenlerner brauchen nicht nur Grammatikregeln

Was tun erfolgreiche Lerner?

Die Forschungsergebnisse von Earl Stevick liefern ermutigende Argumente für solche ganzheitlichen Methoden im Fremdsprachenunterricht. Stevick weist darauf hin, dass es nicht primär formales Regelwissen ist, worauf erfolgreiche Lerner zurückgreifen, wenn sie ihre Fremdsprachenkenntnisse anwenden.

Ressourcen beim Fremdsprachengebrauch

In seinem Buch „Success with Foreign Languages" beschreibt er sieben sehr erfolgreiche erwachsene Fremdsprachenlerner, die in Interviews darstellen, welche Strategien und Methoden sie anwenden, um Fremdsprachen zu lernen. Bei keinem der sieben Interviewten war formales Grammatikwissen die ausschließliche oder primäre Ressource für fremdsprachliches Handeln. Ed, einer der Interviewten, bedient sich nach eigenen Angaben zwar (1) expliziter Regeln, die er sich in Erinnerung ruft, wenn er seine Sprachkenntnisse anwendet, daneben sind aber (2) Sätze und Satzfragmente, die er im Gedächtnis behalten hat und auf die er im Bedarfsfall zurückgreifen kann, ein genauso wichtiges Hilfsmittel. Durch den Gebrauch der Fremdsprache entwickelt Ed daneben (3) ein intuitives Gefühl für Regelmäßigkeiten und Sprachmuster: „Dieses Gefühl entsteht aus der Beobachtung", so Ed, „wie eine Veränderung an einer Stelle im Satz eine Veränderung an einer anderen Stelle nach sich zieht."

Von diesen drei Hilfsmitteln, die für Ed von Bedeutung sind, nämlich Grammatik-regeln, im Gedächtnis behaltene Satzfragmente und Sprachgefühl, haben die beiden letzteren eindeutig Vorteile gegenüber dem formalen Regelwissen: „Alle diese Quellen", so Earl Stevick abschließend, „sind im Gedächtnis miteinander vernetzt und helfen sich dadurch gegenseitig, in Eds Gedächtnis bewahrt zu bleiben. Der Vorteil von Sprachinstinkt und erinnerten Satzfragmenten aber ist, dass sie schneller zur Anwendung kommen können als Regeln."

Regelkenntnisse sind nur begrenzt anwendbar

Folgt man Stevicks Ausführungen, dann sind es also eher semantische Verbindungen, „lexical chunks", bzw. im Gedächtnis behaltene, bedeutungtragende Satzfragmente, die es Lernern ermöglichen, ihre Fremdsprachenkenntnisse erfolgreich anzuwenden. Bestätigt werden diese Annahmen auch von praktischen Unterrichtserfahrungen, die zeigen, dass viele Menschen beim Fremdsprachenlernen stark davon profitieren, wenn sie sich kurze Texte einprägen müssen, in denen relevante Satzstrukturen und wichtige Wörter bzw. Phrasen beispielhaft dargestellt werden. Die Verankerung der Strukturen im Langzeitgedächtnis wird dabei umso dauerhafter sein, je mehr ein Lerner vom Inhalt der Texte persönlich angesprochen wird und je stärker er dabei emotional beteiligt ist. Darüber hinaus sollten ihm aber auch Techniken bekannt sein, die ihm helfen, sein Gedächtnis in optimaler Art und Weise einzusetzen, da dies den Lernprozess nachhaltig unterstützen kann.

Strukturen im Langzeitgedächtnis verankern

Auswendiglernen kann sinnvoll sein

In „Grammatik kreativ" haben wir versucht, all diesen Überlegungen gerecht zu werden, um so für die Mehrzahl aller TN effizientere Wege für das Erlernen grammatikalischer Strukturen aufzuzeigen.

Konsequenzen für „Grammatik kreativ"

Wie Sie mit „Grammatik kreativ" arbeiten

Das Lehrwerk ist als kursbegleitendes Zusatzmaterial für verschiedene Zielgruppen entwickelt worden; Sie können damit im Erwachsenenunterricht und im Fremdsprachenunterricht mit Kindern und Jugendlichen aus jeder Altersgruppe arbeiten. Sie können die hier präsentierten Unterrichtseinheiten ganz individuell einsetzen und an Ihre konkrete Unterrichtssituation anpassen.

Kursbegleitender Einsatz

Wir haben bei der Konzeption der Unterrichtseinheiten vorausgesetzt, dass Form, Bedeutung und Funktion einer grammatikalischen Struktur zumindest schon einmal präsentiert, erklärt und eventuell auch geübt wurden, und dass Sie nun nach Möglichkeiten suchen, diese Struktur von Ihren TN in kommunikativen Situationen anwenden zu lassen.

Bekannte Strukturen festigen

Nehmen wir an, Sie suchen eine Unterrichtssequenz zum Thema „Konjunktiv II". Wie gehen Sie dann vor, um „Ihre" Einheit in „Grammatik kreativ" zu finden? Suchen Sie zunächst im Register unter „Konjunktiv". Sie finden dort mehrere Unterrichtssequenzen zu diesem Thema. Überfliegen Sie diese Kapitel der Reihe nach und entscheiden Sie dann, welches für Ihre Klasse oder Gruppe am besten geeignet erscheint. Lesen Sie dann das Kapitel, das Sie ausgewählt haben, sorgfältig durch, um zu sehen, ob Sie es für ihre Zwecke adaptieren müssen.

Suchen Sie im Inhaltsverzeichnis und wählen Sie aus!

In jeder Einheit finden Sie ein komplettes Übungsprogramm mit einleitenden Aktivitäten, Techniken für die Präsentation eines Modelltextes und Anleitungen, die Ihren TN beim Verfassen eigener Texte helfen sollen. Zögern Sie aber nicht, den Übungsablauf den Notwendigkeiten Ihres Unterrichts anzupassen. Wenn Sie zum Beispiel nur die Verwendung, Form und Bedeutung eines grammatikalischen Konzeptes verdeutlichen wollen, können Sie den Modelltext auch ohne einleitende Aktivitäten präsentieren. Lassen Sie einzelne Aktivitäten weg oder fügen Sie andere Aktivitäten hinzu, wenn Ihnen das für Ihre konkrete Unterrichtssituation passender erscheint.

Nach Bedarf den Übungsablauf ändern!

*Vorgeschlagene
Übungen durch
andere ersetzen*

Wir haben versucht, im Rahmen jeder Einheit unterschiedliche Übungsformen zu präsentieren, um Ihnen ein möglichst großes Repertoire an Unterrichtsaktivitäten anzubieten. Wählen Sie aus! Wenn Ihnen die einleitenden Aktivitäten einer bestimmten Einheit besser gefallen als die von uns vorgeschlagenen, so ersetzen Sie einfach die vorgeschlagenen Übungen durch andere.

*Ändern Sie die
Modelltexte oder
erfinden Sie neue!*

Bei sehr vielen Einheiten haben wir angedeutet, wie der Modelltext verändert werden könnte, um damit auch andere, für Sie und Ihre TN vielleicht relevantere Strukturen zu üben. Zögern Sie also nicht, auch den Modelltext zu verändern oder eigene Modelltexte zu erfinden, wenn es Ihre Unterrichtssituation erfordert.

Betrachten Sie die Einheiten in „Grammatik kreativ" ganz generell nicht als fertige Rezepte für den Unterricht, sondern setzen Sie die Ideen flexibel ein, den Notwendigkeiten Ihres konkreten Unterrichts angepasst.

Wir möchten Ihnen im Folgenden anhand einer Unterrichtseinheit zeigen, wie Sie mit „Grammatik kreativ" im Unterricht arbeiten und wie Sie die einzelnen Aktivitäten an die ganz spezifischen Bedürfnisse Ihrer Gruppe anpassen können.

„Grammatik kreativ" im Unterricht – eine Modelleinheit

Die Unterrichtssequenzen weisen meist dieselbe Grundstruktur auf: Einer Phase mit einleitenden Übungen (1) folgt die Präsentation eines Modelltextes, der dann von den TN rekonstruiert wird (2). Danach verfassen die TN eigene Texte (3). Diese werden korrigiert, verbessert und dann von den TN untereinander ausgetauscht (4). Schließlich werden die Strukturen mit Hilfe weiterer Unterrichtsaktivitäten gefestigt (5). Aus diesem Ablauf ergeben sich für die TN mehrere Vorteile: In der Einleitungsphase werden sie Schritt für Schritt mit der Struktur, die geübt werden soll, vertraut gemacht. Die Präsentation des Modelltextes verdeutlicht den TN die Funktion und Bedeutung der Struktur in einem repräsentativen Kontext, und während der Textrekonstruktionsphase bekommen die Lerner die Möglichkeit, die Struktur reproduktiv zu verwenden. In der Textproduktionsphase können eigene Ideen mit Hilfe der soeben erworbenen Grammatikkenntnisse ausgedrückt werden. Der Austausch der Texte bietet die Möglichkeit, mit anderen TN ins Gespräch zu kommen, und schließlich werden die grammatikalischen Strukturen in Form von Satzfragmenten noch stärker im Langzeitgedächtnis verankert.

Die folgende kommentierte Modelleinheit soll die Arbeit mit „Grammatik kreativ" beispielhaft veranschaulichen. Der Text der Unterrichtseinheit ist jeweils umrahmt, daneben und darunter finden Sie den dazugehörigen Kommentar.

Am Anfang jeder Einheit finden Sie Hinweise auf die **Grammatikstrukturen,** die mit Hilfe der jeweiligen Einheit geübt werden können. Am Ende jeder Einheit präsentieren wir alternative Modelltexte. Wenn Sie einen dieser alternativen Texte für die Unterrichtsarbeit wählen, ändern sich auch die grammatikalischen Strukturen, die Sie mit der jeweiligen Einheit üben. Eine Übersicht über alle Strukturen, für die „Grammatik kreativ" Übungsmöglichkeiten anbietet, finden Sie im Register auf Seite 160.

Die **Sprechintention** kann sich ändern, wenn Sie eine Variante des Modelltextes verwenden oder den Text umschreiben.

---

12 Alles nur Ausreden

Grammatik: Konjunktiv II der Gegenwart („würde gerne" + Infinitiv)

Sprechintentionen: Wünsche ausdrücken

Niveau: 1-**2**-3-4-5

Dauer: 40 Minuten

Materialien: Modelltext KV 12.1 auf einer Folie für den OHP oder die Sätze des Modelltextes auf einzelnen Papierstreifen.

siehe Buch Seite 50

Die Angaben über das **Niveau** sind nur ungefähre Richtlinien. Sie können jede Einheit auch für andere Niveaus adaptieren.

Auch die **Zeitangabe** stellt nur eine ungefähre Richtlinie dar. Je nach Leistungsstand Ihrer Gruppe und je nach Vorgangsweise werden Sie mehr oder weniger Zeit benötigen.

Kopiergerät und Tageslichtprojektor (abgekürzt „OHP") sind praktische **Hilfsmittel** für die Arbeit mit „Grammatik kreativ", notfalls können Sie aber alle Einheiten auch nur mit Packpapier, Tafel und Kreide durchführen.

Phase 1 (A): Thematische Einstimmung

Jede Unterrichtseinheit beginnt mit einer Phase, die wir „Thematische Einstimmung" nennen. Die Aktivitäten, die wir für diese Phase vorschlagen, haben folgenden Zweck:

- sie bereiten die TN darauf vor, in einer Fremdsprache zu agieren
- sie aktivieren das Vorwissen der TN und fördern das Interesse an dem Thema, auf das sich der Modelltext bezieht
- sie aktivieren das Wortschatzwissen der TN und machen es möglich, neue Begriffe einzuführen

> **A Thematische Einstimmung**
>
> 1 Für viele Menschen gibt es Dinge im Leben, die sie gerne tun möchten, die sie sich aber nicht tun trauen oder aus anderen Gründen nicht tun. Sprechen Sie darüber mit den TN. Geben Sie einige persönliche Beispiele:
>
> „Ich würde gerne einmal auf dem Geländer der Hauptbrücke balancieren, aber ich habe Angst, dass die Leute glauben, ich bin verrückt."
>
> 2 Fordern Sie die TN auf, zwei Dinge aufzuschreiben, die sie gerne einmal tun möchten.
> 3 Die TN sollen ihre Sätze vorlesen. Fragen Sie sie dabei, ob sie glauben, dass sie in Zukunft ihre Wünsche realisieren werden. Sammeln Sie gemeinsam mögliche Gründe dafür, dass sich viele Menschen ihre Wünsche nie erfüllen.
>
> Sprachsensibilisierung (optional): Weisen Sie darauf hin, dass der Konjunktiv II + *gerne* oft verwendet wird, um Wünsche auszudrücken.
>
> *siehe Buch Seite 50*

- sie konfrontieren die TN mit den im Modelltext verwendeten sprachlichen Strukturen
- sie geben die Möglichkeit, persönliche Erfahrungen und Erlebnisse auszutauschen
- sie helfen, Ideen für die spätere Textproduktion zu sammeln

Sie können die Dauer dieser Phase und das Niveau der Aufgaben variieren, indem Sie z. B.

- die Sozialform ändern,
- die Zahl der Beispielsätze, die die Studierenen formulieren sollen, variieren,
- die Übung nur mündlich durchführen lassen.

Diese und andere Möglichkeiten der Differenzierung lassen sich auf alle Einheiten in „Grammatik kreativ" anwenden.

Wir gehen davon aus, dass Ihre TN die grammatikalische Struktur, die geübt werden soll, schon kennen. Sie haben diese Struktur schon einmal präsentiert und erklärt, oder die TN haben unter Ihrer Anleitung Grammatikregeln selbständig entdeckt und erarbeitet. Wie oben erwähnt kann eine analytische Vorgangsweise manchen TN beim Fremdsprachenlernen helfen. Daher haben wir in vielen Einheiten Hinweise zur **„Sprachsensibilisierung"** gegeben, die bewusst machen sollen, welche Strukturen gerade geübt werden. Diese Hinweise

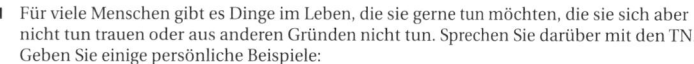

> Sprachsensibilisierung (optional): Weisen Sie darauf hin, dass der Konjunktiv II + *gerne* oft verwendet wird, um Wünsche auszudrücken.
>
> *siehe Buch Seite 50*

können Sie je nach Bedarf ändern, erweitern oder auch ganz weglassen, wenn für Ihre TN ganzheitliche Unterrichtsmethoden geeigneter erscheinen.

Phase 2 (B): Präsentation und Rekonstruktion des Modelltextes

In dieser Phase werden die TN mit dem Modelltext vertraut gemacht. Dabei handelt es sich um einen kurzen Text, der die Form der grammatikalischen Struktur präsentiert, die geübt werden soll, aber auch deren Bedeutung, Verwendung und Funktion verdeutlichen soll. Die TN sollen sich mit Hilfe der Modelltexte relevante grammatikalische Strukturen der Fremdsprache einprägen. Dies wird – wie oben erwähnt – umso besser funktionieren, je stärker die emotionale Beteiligung der TN bei der Auseinandersetzung mit dem Modelltext ist. Wir haben Humor, Metaphorik, Absurdität und andere imaginative Elemente in unsere Modelltexte integriert, um so die Texte und die sprachlichen Strukturen, die sie enthalten, möglichst einprägsam zu gestalten. Die Modelltexte sind die Vorlage für die Texte, die die TN später schreiben. Diese werden in der Regel umso origineller, je einprägsamer die Vorlagen sind.

B Präsentation und Rekonstruktion des Modelltextes

1   Präsentieren Sie den folgenden Text auf einer Folie am OHP. Decken Sie dabei den Text mit zwei Papierstreifen ab und zeigen Sie jede Zeile nur ganz kurz. Fordern Sie die TN dann auf, die Zeile niederzuschreiben.
Alternative: Wenn Sie keinen OHP zur Verfügung haben, schreiben Sie die Sätze des Modelltextes auf einzelne Papierstreifen und zeigen Sie diese ganz kurz.
2   Die TN sollen ihre Texte in Partnerarbeit vergleichen.
3   Lassen Sie einige TN ihre Texte vorlesen.

KV 12.1 MODELLTEXT

Ich würde sie gerne ansprechen,
ich würde gerne mit ihr tanzen,
ich würde ihr gerne ein Eis kaufen,
ich würde ihr gerne ein Freundschaftsarmband schenken,
ich würde sie gerne anrufen.
Aber heute habe ich soooooo viel zu tun.
Vielleicht mache ich es morgen
oder übermorgen.

siehe Buch Seite 51

Mit Hilfe verschiedenster Unterrichtstechniken werden die TN schon in der Phase der Textpräsentation aktiv miteinbezogen. Den TN werden die Texte oft in unvollständiger Form präsentiert, so dass sie gezwungen sind, sie zu rekonstruieren, was meist in Partner- oder Gruppenarbeit geschehen soll. Das Ziel dieser Unterrichtsphase ist es, den TN beim Memorieren des Textes ein Erfolgserlebnis und gleichzeitig das Gefühl zu vermitteln, die grammatikalischen Strukturen korrekt reproduzieren zu können.

Sie können den Schwierigkeitsgrad der Rekonstruktionsaufgaben unter anderem variieren, indem Sie

- die Modelltexte sprachlich vereinfachen,
- die einzelnen Sätze länger beziehungsweise kürzer präsentieren,
- leistungsschwächeren TN eine Lückentextversion des Textes als Hilfe bei der Textpräsentation geben,
- während der Partnerarbeit den Text noch einmal sehr schnell vorlesen,
- den TN die Möglichkeit geben, während der Partnerarbeit aufzustehen, zu Ihnen zu gehen, den Modelltext schnell durchzulesen, zu ihren Plätzen zurückzukehren und dort weiterzuarbeiten.

Diese und andere Möglichkeiten der Differenzierung lassen sich auf alle Einheiten in „Grammatik kreativ" anwenden.

---

4   Sprechen Sie eventuell kurz mit den TN darüber, wer in diesem Text über wen spricht. Fordern Sie die TN auf, sich die Person vorzustellen, die in diesem Text spricht. Lassen Sie die TN diese Person genau beschreiben. Fragen Sie, was die wirklichen Gründe dafür sein könnten, dass diese Person das, was sie tun möchte, nicht tut.

siehe Buch Seite 51

Während der Textrekonstruktionsphase konzentrieren sich die TN auf Textdetails. Wenn Sie nach der Textrekonstruktion Fragen zur Kommunikationssituation, zur Sprechintention oder zur Textpointe stellen, geben Sie den TN die Möglichkeit, den Text wieder als Ganzes wahrzunehmen. Das geistige Bild, das sich die TN von der Person in der Geschichte machen, kann andererseits dabei helfen, auch die sprachlichen Strukturen besser im Langzeitgedächtnis zu verankern.

In einigen Unterrichtssequenzen schlagen wir vor, dass Sie den Modelltext nach der Textrekonstruktionsphase noch einmal laut vorlesen. Ihre TN bekommen dabei die Möglichkeit, den Text als Ganzes zu hören und eine ganzheitliche Vorstellung davon zu entwickeln. Beim Zuhören sollten Ihre TN nach Möglichkeit die Augen schließen. Das Vorlesen bietet ein Modell für die richtige Aussprache und Intonation, das besonders wirksam zu sein scheint, wenn der Text mit geschlossenen Augen gehört wird. Schließlich kann das laute Vorlesen jenen TN, die eher zu den akustischen Lerntypen gehören, helfen, die Struktur und wichtige Elemente des Textes im Langzeitgedächtnis zu verankern.

Phase 3 (C): Kreatives Schreiben

In dieser Unterrichtsphase schreiben die TN ihre eigenen Texte, wobei sie sich an die Struktur des Modelltextes halten, mit dem sie durch die vorangegangene Rekonstruktionsphase bereits gut vertraut sind. Manchmal kann es nötig sein, den TN Anregungen zu geben bzw. gemeinsam Ideen dafür zu sammeln, wie der Modelltext variiert werden kann. Außerdem werden Ihre TN sehr oft neues Vokabular für ihre Texte benötigen. Helfen Sie ihnen, indem Sie bei Bedarf Wörter angeben, oder vergewissern Sie sich, dass zweisprachige Wörterbücher zur Verfügung stehen.

Die TN sollen die Texte schriftlich verfassen, weil es einfacher ist, beim Schreiben Kreativität zu entfalten als beim spontanen Sprechen.

C Kreatives Schreiben

1 Ihre TN sollen auf der Basis des Modelltextes in Einzel- oder Partnerarbeit eigene Texte schreiben.
   Sie können als Hilfestellung folgende Struktur vorgeben:

Er/Sie/Wir/Ihr würde/n gerne _____.
Er/Sie/Wir/Ihr würde/n gerne _____.
Er/Sie/Wir/Ihr würde/n gerne _____.
Er/Sie/Wir/Ihr würde/n gerne _____.
Er/Sie/Wir/Ihr würde/n gerne _____.
aber _____.
Vielleicht _____.

siehe Buch Seite 51

Außerdem erlaubt das Schreiben eine stärkere Konzentration auf die Sprachrichtigkeit, da Zeit zur Verfügung steht, nachzudenken, zu korrigieren, etwas auszustreichen oder hinzuzufügen. Natürlich kann auch in Partner- oder Gruppenarbeit geschrieben werden, was zu einem Austausch von Ideen und zu aufgabenorientiertem Sprechen Anlass geben kann. Schließlich können die fertigen Produkte in der Klasse „veröffentlicht" oder auf andere Art und Weise weiter bearbeitet werden.

H. A. Klauser (1986, S. 90) empfiehlt, vor jeder Unterrichtsphase, in der kreatives Schreiben stattfinden soll, einige Minuten der Stille einzuplanen, da diese Phase des „Tagträumens" oder „geistigen Abschaltens" als Vorbereitung auf den Prozess des Schreibens von größter Bedeutung ist. Sie müssen diese Phase der Stille vor dem Schreiben natürlich nicht immer einhalten, unsere TN haben aber sehr positiv darauf reagiert. Scheinbar hilft sie ihnen, ihre Kreativität zu aktivieren. (Wir spielen manchmal während dieser Phase Musik vor.)

HINWEISE ZUR BEARBEITUNG UND KORREKTUR DER TEXTE

Die Rohfassung der Texte, die die TN auf der Basis des Modelltextes geschrieben haben, sollte von Ihnen gelesen und eventuell bearbeitet werden. Das kann geschehen, während die TN noch schreiben (Sie gehen im Klassenzimmer umher, lesen die Texte und schlagen Änderungen vor), oder nachdem die TN mit dem Schreiben fertig sind. Diese Anregungen führen zu einer neuen, verbesserten Textversion.

Das Überarbeiten und Korrigieren der Texte ist wichtig, da es erstens das Fehlerbewusstsein der TN fördert, und zweitens die Texte korrekt und fehlerfrei sein sollen, damit sie später als Basis für zusätzliche Übungen verwendet werden können. Fehler sind unvermeidlich, wenn Ihre TN Texte schreiben. Als KL sollten Sie das akzeptieren und Verständnis für die Fehler in den Texten Ihrer TN zeigen. Ihren TN sollte klar sein, dass jede Korrektur ihrer Texte nur dazu dient, ihr „Werk" zu verbessern, bevor es „publiziert" wird und andere es lesen. Ihr Verhalten ist dabei entscheidend: Statt Fehler zu zählen, helfen Sie Ihren TN in der Endphase der Textproduktion, ihre Arbeit zu verbessern. Entmutigende Sprache sollte dabei vermieden werden. Wenn Ihre TN wissen, dass ihre Texte später auch von anderen gelesen werden, haben sie im Normalfall von sich aus Interesse daran, die Sprachrichtigkeit der eigenen Texte zu verbessern (siehe Kapitel „Austausch und Präsentation der schriftlich produzierten Texte", ab Seite 13).

In unseren Versuchsklassen haben sich folgende Vorgangsweisen bei der Korrektur und Bearbeitung der Texte bewährt:

- Nachdem die TN ihre Texte fertiggeschrieben haben, geben sie diese ab und Sie korrigieren alle Fehler. Das kann im Unterricht geschehen, während die anderen TN noch an ihren Texten schreiben, oder auch nach der Unterrichtseinheit.

- Sie korrigieren nur das, was Ihrer Meinung nach Ihre TN nicht selbst korrigieren können. Unterstreichen Sie die anderen Fehler mit Bleistift. Die TN lesen ihre Texte dann noch einmal durch und versuchen, die Fehler, die Sie mit Bleistift unterstrichen haben, selbst auszubessern. Dabei können sie andere TN zu Rate ziehen, in einem Wörterbuch nachschlagen oder ihre Texte mit dem Modelltext vergleichen.

- Sobald die TN mit dem Schreiben fertig sind, tauschen sie ihre Texte mit einem anderen TN aus, lesen den Text des Partners und schlagen Verbesserungen vor. Dann werden alle Texte abgegeben und Sie als KL korrigieren die restlichen Fehler.

Am Ende jeder Einheit schlagen wir **Varianten** vor oder geben einige **Hinweise** darauf, wie der Modelltext verändert werden könnte, um auch andere grammatikalische Strukturen damit zu üben. Im Register finden Sie alle Übungsmöglichkeiten aufgelistet. Es ist aber sicher möglich, weitere alternative Übungsmöglichkeiten zu finden.

In manchen Einheiten präsentieren wir Texte, die während der Erprobungsphase von „Grammatik kreativ" in unseren Versuchsklassen entstanden sind.

VARIANTEN

Wenn Sie den Modelltext und die Fragestellung für die „Thematische Einstimmung" ein wenig verändern, könnten Sie damit auch Konjunktiv II der Vergangenheit (eventuell mit Modalverb) oder das Präteritum von Modalverben üben.

VARIANTE 1: Konjunktiv II der Vergangenheit

Ich hätte sie so gerne angesprochen,
ich hätte so gerne mit ihr getanzt,
ich hätte ihr so gerne ein Eis gekauft,
ich hätte ihr so gerne ein Freundschaftsarmband geschenkt,
ich hätte sie so gerne angerufen.
Ich habe mich aber nie getraut, sie anzusprechen,
und ab morgen wohnt sie in einer anderen Stadt.

*(Niveau: 1-2-**3**-4-5)*   *siehe Buch Seite 51*

TEXT EINES TN

Ich würde gerne viele Fremdsprachen lernen.
Ich würde gerne eine Reise nach Japan machen und dort ein Jahr bleiben.
Ich würde gerne nach Russland fahren, auch wenn es weit ist.
Ich würde gerne nach Grönland fahren und einen Eskimo kennen lernen.
Aber das alles ist leider nicht möglich. Ich mache das heute Nacht in meinem Traum.

siehe Buch Seite 52

Phase 4: Austausch und Präsentation der schriftlich produzierten Texte

Nachdem die TN eigene Texte verfasst und Sie diese korrigiert haben, sollten alle die Möglichkeit bekommen, die Texte der anderen kennen zu lernen. Wenn Ihre TN wissen, dass ihre Texte nicht nur von Ihnen, sondern auch von ihren Kollegen gelesen werden, erhöht das die Motivation, nicht nur möglichst originelle, sondern auch sprachlich korrekte Texte zu schreiben. Außerdem werden die TN beim Lesen der fremden Texte wieder mit der Struktur konfrontiert, die geübt werden soll.

Wenn Sie die Texte Ihrer TN präsentieren, achten Sie darauf, dass Ihnen leserlich geschriebene und korrekte Kopien zur Verfügung stehen. Lassen Sie die TN zu diesem Zweck die von Ihnen korrigierten Texte eventuell nochmals schreiben.

Für die Präsentation der Texte erscheinen uns folgende Methoden zielführend:

a) Verwenden Sie möglichst immer eine Anstecktafel, an der Sie die Texte Ihrer TN befestigen. Das kann eine einfache Korktafel sein oder auch ein Packpapierbogen, den Sie an einer Wand Ihres Klassenzimmers aufhängen.
b) Schlagen Sie Ihren TN vor, ihre Texte in einer eigenen Mappe zu sammeln, oder legen Sie ein Klassenjournal mit den Texten der TN an. Wenn diese dann von Zeit zu Zeit ihre Journale lesen, können sie ihren eigenen Fortschritt beim Erlernen der Fremdsprache beobachten und einschätzen.

Wenn Sie wollen, dass die Texte nur mündlich präsentiert werden, fordern Sie die TN auf, ihre Texte der ganzen Klasse vorzulesen.

So wie das Hören eines Textes mit geschlossenen Augen kann auch das eigene laute Lesen helfen, Textteile im Gedächtnis zu verankern. Der Erfolg dieser Methode hängt aber stark davon ab, wie gut die TN das laute Vorlesen beherrschen, d. h. wie gut sie das laute Lesen vor Publikum geübt haben.

Eine bewährte Methode, Vorlesen zu üben, ist das wiederholte laute Lesen von Texten und Textteilen im Chor unter der Anleitung des KL. Wenn die TN aber ihre eigenen Texte vorlesen sollen, dann ist wohl eine individuellere Vorbereitung angemessen.

Bevor Sie Ihre TN Texte vorlesen lassen, fordern Sie sie auf,

a) ihre Texte leise zu lesen und die Wörter herauszusuchen, bei denen sie nicht sicher sind, wie sie ausgesprochen oder betont werden; dann sollen sie die richtige Aussprache oder Betonung der Wörter von Ihnen erfragen oder im Wörterbuch nachschlagen;
b) das Vorlesen des Textes zu proben, indem sie den Text halblaut vor sich hin sprechen;
c) Pausen beim Vorlesen zu machen, in denen sie den Augenkontakt mit ihren Zuhörern herstellen können;
d) ihre Texte laut, klar und langsam vorzulesen.

Erinnern Sie sie daran, dass das Zuhören für das Publikum unangenehm ist, wenn spürbar wird, dass das Vorlesen als lästige Pflicht empfunden wird, die der Vorlesende möglichst schnell hinter sich bringen möchte.

In einigen Unterrichtseinheiten schlagen wir vor, dass die TN die Texte ihrer Kollegen kommentieren. Achten Sie dabei darauf, dass nur konstruktive Kritik geäußert wird.

Phase 5: Verankerung der Strukturen im Langzeitgedächtnis

TEXTREKONSTRUKTIONSÜBUNGEN

Die Aktivitäten dieser Unterrichtsphase sollen helfen, die grammatikalischen Strukturen in Form von ganzen Texten, Sätzen oder Satzteilen im Langzeitgedächtnis zu speichern. Ausgangspunkt für alle Aktivitäten sind die Texte, die die TN geschrieben haben.

In den 46 Unterrichtseinheiten von „Grammatik kreativ" schlagen wir viele verschiedene Techniken für die Rekonstruktion des Modelltextes vor. Wählen Sie sich eine dieser Techniken aus. Lassen Sie dann einen oder mehrere Texte Ihrer TN rekonstruieren.

Sie können auch alle TN für die eigenen Texte Textrekonstruktionsaufgaben (Lückentext, Bildtext, usw.) erstellen lassen, die dann von einem anderen TN gelöst werden müssen.

TEXTE UND TEXTTEILE AUSWENDIG LERNEN

Wie erwähnt, ist auch Gedächtnistraining wichtig für den Lernfortschritt im Fremdsprachenunterricht. Die TN können ihre Merkfähigkeit trainieren, indem sie ihren eigenen Text oder den eines anderen TN auswendig lernen.

In unseren Versuchsklassen haben sich die folgenden Techniken für das Auswendiglernen als besonders wirksam erwiesen. Einige davon können Ihre TN auch selbständig zu Hause anwenden, andere werden wohl nur im Unterricht selbst eingesetzt werden können. Diskutieren Sie die Brauchbarkeit der Übungen mit den TN, nachdem Sie einige Techniken ausprobiert haben, um herauszufinden, welche Technik sich in Ihrer Klasse besonders bewährt.

1. Fordern Sie die TN nach der Phase der Textproduktion auf, die eigenen Texte auswendig zu lernen. Dabei kann auf verschiedene Art und Weise vorgegangen werden:

   a) Die erste Zeile des Textes wird laut gelesen. Sobald sie im Gedächtnis behalten wurde, wird die zweite Zeile gelesen, und so weiter.
   b) Der komplette Text wird so oft gelesen, bis er auswendig rezitiert werden kann. Das Lesen des Textes kann durch stummes Artikulieren oder Murmeln begleitet werden, was vor allem akustischen Lernertypen beim Auswendiglernen helfen kann.
   c) Der Text wird gelesen. Während des Lesens wird versucht, für jede Zeile eine prägnante bildhafte Vorstellung zu finden, die dabei helfen soll, den Text im Gedächtnis zu behalten. Solche Vorstellungen können sowohl Bilder wie auch Klänge, Gefühle, Gerüche, kinästhetische Eindrücke oder eine Kombination daraus sein. Wenn die Augen dabei geschlossen werden, fällt die Anwendung dieser Technik leichter.
   d) Man spricht den Text beim Umhergehen vor sich hin.
   e) Der Text oder schwierige Textteile werden mit dem Finger in die Luft, an eine imaginäre Tafel oder einen imaginären Fernsehbildschirm geschrieben.
   f) Die TN lernen den Text, den sie vorher mit einem Kassettenrekorder aufgenommen haben, indem sie sich die Aufnahme immer wieder anhören.
   g) Der Text wird in Abschnitte unterteilt und diese werden mit verschiedenen Farben unterstrichen oder mit Zeichnungen oder anderen Symbolen versehen, die das Memorieren des Textes erleichtern. Wenn diese Übung mit der ganzen Klasse durchgeführt wird, geben Sie den TN nach dem Unterstreichen bzw. dem Einfügen von Bildern und Symbolen genug Zeit, sich den Text einzuprägen. Entfernen Sie dann den Text und fordern Sie die TN auf, diesen entweder noch während des Unterrichts oder zu Hause aus dem Gedächtnis aufzuschreiben. Danach sollen die TN ihre Texte mit dem Original vergleichen.

2. Nach der Phase der Textproduktion lassen Sie die Verfasser ihren Namen darunter schreiben, sammeln alle Texte ein und hängen sie an den Wänden Ihres Klassenzimmers auf. Fordern Sie die TN auf, aufzustehen und sich einen der Texte auszusuchen. (Es darf aber nicht der eigene Text sein.) Alle TN sollen sich von dem jeweils ausgewählten Text soviel wie nur möglich merken, dann zurück zu ihren Tischen gehen und dort den Text aufschreiben. Wenn sie sich nicht den vollständigen Text merken konnten, müssen sie zur Wand zurückgehen, sich den fehlenden Textabschnitt einprägen, dann zu ihrer Bank zurückkehren und auf diese Weise fortfahren, bis der komplette Text kopiert ist.

Die TN sollen nun den Text, den sie kopiert haben, auswendig lernen. Nehmen Sie dann alle Texte von der Wand und lassen Sie Ihre TN verschiedene Texte auswendig rezitieren. („Wer kann Josés Text wiedergeben?") Sie könnten auch einige Wörter aus einem Text vorgeben und dann fragen, ob jemand fortsetzen bzw. den kompletten Text rezitieren kann.

3. Fordern Sie die TN nach der Phase der Texproduktion auf, möglichst viele Texte in einer vorgegebenen Zeit (z. B. zehn Minuten) auswendig zu lernen. Bilden Sie dann Gruppen und lassen Sie die TN in der Gruppe herausfinden, wer sich die meisten Texte gemerkt hat.

4. Sie können die TN auch Textteile auswendig lernen lassen. Dann gehen Sie wie folgt vor:

a) Unterstreichen Sie bestimmte Textteile mit verschiedenen Farben und hängen Sie die Texte dann an einer Wand Ihres Klassenzimmers auf. (Unterstreichen Sie zum Beispiel wichtige Wörter, die sich die TN merken sollen, grün, besondere Strukturen rot, andere Strukturen blau usw.). Die TN sollen jetzt zu den Texten gehen und sich möglichst viele der unterstrichenen Textabschnitte merken. Danach geben Sie eine der von Ihnen verwendeten Farben vor. Die TN schreiben alle Wörter bzw. Textabschnitte auf, an die sie sich erinnern können und die mit dieser Farbe unterstrichen waren.

b) Verwenden Sie ein Tamburin und klopfen Sie darauf den Rhythmus eines Satzes, der von Ihnen unterstrichen wurde. Die TN müssen den Satz erraten.

c) Alle TN sollen mehrere Texte lesen und dabei Sätze auswendig lernen, die ihnen in diesen Texten besonders gut gefallen. Geben Sie dafür genug Zeit. Danach sollen die TN die gelernten Sätze aus dem Gedächtnis zitieren. Diese Technik eignet sich vor allem als Wiederholungsübung nach mehreren Unterrichtseinheiten, in denen verschiedene grammatikalische Strukturen präsentiert und geübt wurden.

1 Ich liebe … – sie liebt …

Grammatik: Übereinstimmung Subjekt – Verb (*gerne* + Verb/ *mögen* als Vollverb + Nomen), Negation

Sprechintentionen: Vorlieben ausdrücken

Niveau: 1-**2**-**3**-4-5

Dauer: 45 Minuten

Materialien: Arbeitsblätter KV 1.1 in Klassenstärke, eventuell Textskelett KV 1.2 auf einer Folie für den Tageslichtprojektor

A Thematische Einstimmung

Was der Lehrer/die Lehrerin mag

1 Die TN sollen drei Tätigkeiten oder Dinge aufschreiben, von denen sie vermuten, dass Sie sie gerne mögen bzw. gerne tun, und drei weitere, die Sie wahrscheinlich nicht mögen bzw. nicht gerne tun. Weisen Sie darauf hin, dass die TN über unbekannte Dinge spekulieren und nichts aufschreiben sollen, was ohnehin alle über Sie wissen. Geben Sie an der Tafel folgende Strukturen vor:

> Sie/er … gern(e) …   Sie/er … nicht gern(e) …
>
> Sie/er mag …   Sie/er mag kein(e/en) …

Sprachsensibilisierung (optional): Weisen Sie darauf hin, dass „(gerne) mögen" hier mit Nomen im Akkusativ verwendet wird.

2 Nach einer Minute vergleichen die TN ihre Sätze mit dem Partner.
3 In Vierergruppen wird eine gemeinsame Liste erstellt.
4 Ein Mitglied jeder Gruppe liest den anderen seine Liste mit Spekulationen vor. Sie notieren die Vermutungen Ihrer TN in zwei Spalten an der Tafel.
5 Kommentieren Sie die Spekulationen und stellen Sie Fragen dazu. Zum Beispiel: „Warum denkt ihr, ich mag keine Popmusik?" – „Das ist richtig. Ich koche gerne. Kocht noch jemand gerne?"

Was der Nachbar gerne mag

1 In Partnerarbeit versuchen die TN, möglichst viele Tätigkeiten bzw. Dinge zu sammeln, die sie beide gerne/nicht gerne tun bzw. mögen/nicht mögen.
2 Jedes Paar nennt etwas, was beide mögen und etwas, was beide nicht mögen.
3 Geben Sie drei Minuten Zeit. Die TN schreiben alle Sätze auf, die sie sich von der vorhergegangenen Präsentation gemerkt haben.

B Präsentation und Rekonstruktion des Modelltextes

1 Teilen Sie das Arbeitsblatt KV 1.1 aus und fordern Sie die TN auf, die Originalversion des Textes zu rekonstruieren. Sie müssen dabei die unterstrichenen Zeilen untereinander vertauschen. Demonstrieren Sie die Vorgangsweise anhand der zweiten Zeile.

KV 1.1 ARBEITSBLATT

Ich mag helle Räume,
sie fährt immer mit dem Fahrrad.
Ich rauche gerne Zigarren,
sie mag Wurst, aber keinen Käse.
Ich sitze gerne zu Hause,
gut, dass sie meine Schwester ist und nicht meine Freundin.
Ich gehe gerne zu Fuß,
sie kocht nicht einmal an meinem Geburtstag.
Ich mag Käse, aber keine Wurst,
sie mag nur Rock.
Ich koche gerne und oft,
sie geht gern aus.
In meiner Freizeit höre ich gerne Jazz,
sie raucht nicht und trinkt nicht.
Sie ist ganz anders als ich –
sie mag dunkle Farben.

2 Einige TN lesen ihre Texte vor.
3 Fordern Sie die TN auf, die vor ihnen liegenden rekonstruierten Texte umzudrehen. Präsentieren Sie nun den Modelltext an der Tafel oder am OHP in Form eines Textskeletts:

KV 1.2 TEXTSKELETT

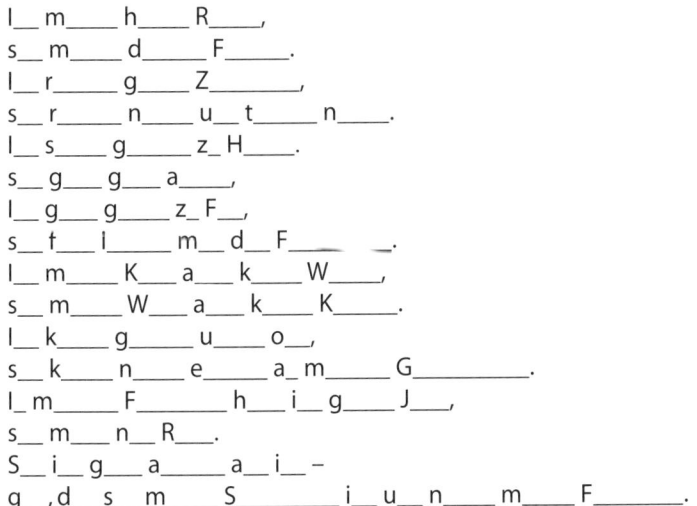

4 Geben Sie den TN Zeit, das Textskelett zu studieren.
5 Teilen Sie dann die Klasse in zwei Gruppen. Eine Gruppe rekonstruiert laut lesend alle Textzeilen, in denen *ich* Subjekt ist, die andere Gruppe rekonstruiert die anderen Textzeilen. Die letzten beiden Zeilen werden von beiden Gruppen gelesen. „Dirigieren" Sie die Rezitation, indem Sie einen Kugelschreiber oder Bleistift über die Zeilen des Textskeletts bewegen.

KV 1.3 MODELLTEXT

Ich mag helle Räume,
sie mag dunkle Farben.
Ich rauche gerne Zigarren,
sie raucht nicht und trinkt nicht.
Ich sitze gerne zu Hause,
sie geht gerne aus.
Ich gehe gerne zu Fuß,
sie fährt immer mit dem Fahrrad.
Ich mag Käse, aber keine Wurst,
sie mag Wurst, aber keinen Käse.
Ich koche gerne und oft,
sie kocht nicht einmal an meinem Geburtstag.
In meiner Freizeit höre ich gerne Jazz,
sie mag nur Rock.
Sie ist ganz anders als ich –
gut, dass sie meine Schwester ist und nicht meine Freundin.

C Kreatives Schreiben

1 Die TN schreiben eigene Texte auf der Basis des Modelltextes. Weisen Sie darauf hin, dass außer *ich* und *sie* auch andere Pronomen verwendet werden können. Die TN sollen sich genau überlegen, wer in ihren Texten über wen etwas sagt. Sammeln Sie, wenn nötig, an der Tafel gemeinsam einige Beispiele:

Ehefrau – Ehemann

Schüler – Lehrer

zwei rivalisierende Fußballmannschaften

2 Sie können als „Textimpuls" folgende Struktur an der Tafel vorgeben:

Ich _____,
er/sie/du/Sie _____.
Ich _____,
er/sie/du/Sie _____,
Ich _____,
er/sie/du/Sie _____.
Er/sie ist/du bist/Sie sind ganz anders als ich –
gut, dass er/sie/du/Sie _____.
Wir _____,

ihr/sie _____.
Wir _____,
ihr/sie _____.
Wir _____,
ihr/sie _____.
Ihr seid/sie sind ganz anders als wir –
gut, dass ihr/sie _____.

VARIANTEN

Wenn Sie gerne + *Verb oder* mögen + *Akkusativ getrennt üben möchten, könnten Sie einen der folgenden Modelltexte verwenden:*

Ich mag Schokolade,
sie mag überhaupt keine Süßigkeiten.
Ich mag Krimis,
sie mag nur Liebesfilme.
Ich mag Tennis,
sie mag absolut keinen Sport.
Ich mag Fremdsprachen,
sie mag nur ihren Computer.
Sie ist ganz anders als ich –
gut, dass sie meine Schwester ist und nicht meine Freundin.

(Niveau: **1-2**-3-4-5*)*

Ich sehe gerne fern,
sie geht gerne aus.
Ich koche gerne,
sie wäscht nicht einmal ab.
Ich stehe gerne früh auf,
sie schläft am liebsten bis Mittag.
Ich bin gerne alleine,
sie braucht immer ihre Freundinnen.
Sie ist ganz anders als ich –
gut, dass sie meine Schwester ist und nicht meine Freundin.

(Niveau: **1-2**-3-4-5*)*

2 Bleib doch im Bett, wenn du krank bist!

Grammatik: Imperativ, trennbare Verben

Sprechintention: Aufforderungen

Niveau: 1-**2**-3-4-5

Dauer: 30 bis 50 Minuten

Materialien: Eventuell Kopien des Modelltextes KV 2.1 und der Wortliste KV 2.2 in Klassenstärke

---

A Thematische Einstimmung

Anweisungen ausführen

1 Bitten Sie einen TN, eine Reihe von Tätigkeiten auszuführen. Wiederholen Sie das einige Male, führen Sie dabei auch neues Vokabular für die jeweiligen Tätigkeiten ein. Wenn ein TN die Anweisung nicht versteht, stellen Sie mimisch dar, was Sie meinen.

KL: „Maria, geh bitte zur Tafel." (Maria geht zur Tafel.)
„Nimm ein Stück blaue Kreide." (Sie nimmt ein Stück blaue Kreide.)
„Zeichne einen Kreis." (Sie zeichnet einen Kreis.)
„Danke, nimm wieder Platz." (Maria nimmt Platz.)
„Françoise, komm bitte heraus." (Françoise kommt heraus.)
„Nimm ein Stück rote Kreide. Nimm die Kreide in die rechte Hand. Zeichne einen Mund in den Kreis." usw.

2 Fortgeschrittene TN könnten in Partner- oder Gruppenarbeit eigene Anweisungen erfinden, die sie ihre Partner dann ausführen lassen.

Sprachsensibilisierung (optional): Weisen Sie darauf hin, dass man die Du-Form des Imperativs bildet, indem man von der zweiten Person Singular das Pronomen *du* sowie die Endung *-st* weglässt. Wenn Ihre TN Imperative von Verben bilden, die von dieser Regel abweichen (Verben mit Vokalwechsel wie z. B.

schlafen, Verben mit obligatorischem Suffix *-e* im Imperativ usw.), erklären Sie diese Ausnahmen. Weisen Sie auch darauf hin, dass bei trennbaren Verben das Präfix an das Satzende kommt.

B Präsentation und Rekonstruktion des Modelltextes

1 Zeigen Sie den TN den folgenden Modelltext am Tageslichtprojektor oder teilen Sie davon Kopien aus. Lesen Sie den Text vor und stellen Sie dabei die Tätigkeiten mimisch dar.
2 Lesen Sie den Text noch einmal vor. Die TN sollen dabei gemeinsam mit Ihnen die Tätigkeiten mimisch darstellen.

KV 2.1 MODELLTEXT

Bleib doch im Bett liegen!
Nein, das ist zu fad.
Trink doch den Kamillentee!
Nein, er ist zu heiß!
Nimm doch den Hustensaft!
Nein, er ist zu bitter!
Schluck doch die Tablette runter!
Nein, sie ist zu groß!
Ruf doch den Doktor!
Nein, das mag ich nicht!

3 Lassen Sie den Text im Chor von der ganzen Klasse wiederholen.
4 Teilen Sie Ihre Klasse in zwei Gruppen, die den Text abwechselnd rhythmisch vortragen:

Gruppe A: „Bleib doch im Bett liegen!"
Gruppe B: „Nein, das ist zu fad."
Gruppe A: „Trink doch den Tee aus!"
Gruppe B: „Nein, er ist zu heiß!" usw.

Rekonstruktionsaufgaben

1 Stellen Sie den Text ohne Worte, nur mimisch, dar. Die TN sollen den Text schriftlich rekonstruieren.
2 Stellen Sie danach Einzelsätze aus dem Text in beliebiger Reihenfolge mimisch dar. Die TN rufen Ihnen den dazu gehörenden Satz zu.
3 Fordern Sie Ihre TN auf, den Text aus dem Gedächtnis rhythmisch im Chor zu wiederholen. Unterstützen Sie die TN dabei mit Hilfe von Mimik, Gestik oder einigen Schlüsselwörtern.

4 Diskutieren Sie mit Ihren TN die Gesprächssituation. Wer spricht mit wem? Fragen Sie, ob jemand Erfahrungen mit kranken Personen hat, die sich nicht helfen lassen wollen.

C Kreatives Schreiben

1 Geben Sie den TN als Hilfestellung eine Liste von Tätigkeiten und eine Liste von Adjektiven vor, zum Beispiel Kopien der KV 2.2.

KV 2.2 WORTLISTE

Mach	das Fenster	auf/zu
	die Türe	
	deine Schultasche	
	deinen Mund	
	deine Augen	
	die Schublade	
	den Schrank	
Zieh	deine Jacke	an/aus
	deinen Mantel	
	deinen Pullover	
	deine Schuhe	
	deine Stiefel	
Schalte	den Fernseher	ein/aus
	das Radio	
	das Licht	
Heb	deine Tasche	auf
	das Buch	
Räum	den Schreibtisch	auf
	das Zimmer	

> *Adjektive:* langweilig, kalt, heiß, jung, alt, klein, eng, groß, schwer, leicht, dunkel, hell, teuer, billig, stickig, voll, mühsam, dumm, laut

2 Die TN schreiben nun eigene Texte nach dem Vorbild des Modelltextes.
3 Bitten Sie einige TN, ihre Texte vorzulesen. Dabei können andere TN die beschriebene Aktivität mimisch darstellen.

VARIANTE

Wenn Sie den Modelltext ein wenig verändern, können Sie damit auch die „Sie-Form" oder „Ihr-Form" des Imperativs, eventuell mit dem Dativ, üben.

VARIANTE 1: Imperativ „Ihr-Form"

Trinkt den Tee aus!
Nein, er ist (uns) zu heiß!
Räumt euer Zimmer auf!
Nein, das ist (uns) zu mühsam!
Schreibt die Hausaufgabe fertig!
Nein, sie ist (uns) zu schwierig.
Macht das Fenster auf!
Nein, es ist (uns) zu kalt.
Schaltet den Fernseher aus!
Nein, es ist jetzt so spannend.

*(Niveau: 1-**2**-3-4-5)*

VARIANTE 3: Imperativ „Du-Form"
(vereinfachte Version)

Trink das aus! – Nein, das ist zu heiß!
Trag das heim! – Nein, das ist zu schwer!
Schreib das auf! – Nein, das ist zu schwierig!

VARIANTE 2: Imperativ „Sie-Form"

Kommen Sie doch herein!
Nein danke, das dauert zu lang.
Legen Sie doch ab!
Nein danke, das lohnt sich nicht.
Nehmen Sie doch Platz!
Nein danke, es ist schon zu spät.
Trinken Sie doch einen Schluck!
Nein danke, das ist wirklich nicht nötig.
Essen Sie doch mit uns!
Na ja, wenn Sie wirklich meinen.

*(Niveau: 1-**2**-3-4-5)*

Gib das her! – Nein, das ist zu kostbar!
Zieh das an! – Nein, das ist zu eng!

*(Niveau: **1**-2-3-4-5)*

3 Gute Ratschläge

Grammatik: „lassen", Valenz des Verbs

Sprechintention: Ratschläge geben

Niveau: 1-2-3-**4**-5

Dauer: 40 Minuten

Materialien: Modelltext KV 3.2 auf einer Folie für den OHP, die Sätze aus der einleitenden Übung auf Kartonkärtchen

Vorbereitung: Schreiben Sie jedes Wort der Beispielsätze aus der „Thematischen Einstimmung" in Großbuchstaben auf ein Kartonkärtchen.

A Thematische Einstimmung

Sätze bilden

1   Bilden Sie Gruppen zu jeweils vier bis fünf TN. Teilen Sie an jede Gruppe einen Satz auf Kartonkärtchen aus. Jedes Gruppenmitglied erhält drei bis vier Wörter.

Wenn du mich mit deinem Auto fahren lässt, lasse ich es an der nächsten Tankstelle volltanken.

Lasst mich einmal anziehen, was ich will, dann lasse ich mir vielleicht auch bald die Haare schneiden.

Lasst das kleine Mädchen in Ruhe, sonst lasse ich euch an der nächsten Haltestelle aussteigen und zwanzig Kniebeugen machen.

Lass mich lieber das Essen fertig kochen, ich lasse nämlich nie das Fleisch anbrennen.

Lass dir doch von Markus nicht immer das Comicheft wegnehmen, sondern sag ihm, er soll dich in Ruhe lassen.

2   Die Gruppen versuchen, einen grammatikalisch richtigen und sinnvollen Satz zu bilden, wobei sie alle Wörter verwenden müssen.
3   Sobald eine Gruppe fertig ist, schreibt ein Gruppenmitglied den Satz an die Tafel.
4   Wenn alle fünf Sätze an der Tafel stehen, lassen Sie Ihre TN kurz die grammatikalische Korrektheit der Sätze diskutieren.

Alternativvorschlag
Sie können in einigen Sätzen Schlüsselwörter auslassen und statt dessen leere Kärtchen an die TN austeilen. Die TN müssen dann für die leeren Wortkarten passende Wörter einsetzen. Ersetzen Sie pro Satz ungefähr drei Wörter durch leere Kärtchen.

5   Die TN sollen einen Kontext für die Sätze an der Tafel finden, d. h. die TN sollen kurz nachdenken, wer den jeweiligen Satz zu wem in welcher Situation sagen könnte.

Sprachsensibilisierung (optional): Weisen Sie auf einige wichtige Bedeutungen von *lassen* hin (Langenscheidts „Großwörterbuch Deutsch als Fremdsprache" listet 13 Bedeutungsvarianten auf). Zum Beispiel:
1. *jemanden etwas tun lassen* = etwas erlauben, jemanden veranlassen/zwingen, etwas zu tun: „Ich lasse dich mit meinem Auto fahren." „Ich lasse euch zwanzig Kniebeugen machen."

2. *(sich) etwas (von jemandem) tun lassen* = etwas nicht selbst tun, etwas in Auftrag geben: „Ich lasse das Auto volltanken."

3. *jemandem* (Dativ!) *etwas lassen* = jemandem etwas überlassen: „Ich lasse dir das Buch bis morgen." „Ich lasse euch noch Zeit."

4. *mit etwas aufhören:* „Lasst das Mädchen in Ruhe." „Lass das sein."

5. *lass/lasst uns....* = jemanden auffordern, gemeinsam etwas zu tun
(s. Einheit 45: „Hättest du nicht Lust …")

6. *etwas lässt sich* + Infinitiv = es gibt die Möglichkeit, etwas zu tun
(s. Einheit 23: „Bitte nicht vergessen!")

„Lass dich …" oder „Lass dir …"?

1 Diktieren Sie den TN die folgenden Verben oder andere Verben, die Sie in letzter Zeit unterrichtet haben:

schenken, beraten, bewundern, behandeln, anziehen, sehen, bringen, unterstützen, gratulieren, bedienen, begrüßen, berichten, beweisen, erzählen, danken, helfen, waschen

2 Die TN sollen die Verben in zwei Spalten aufschreiben, Verben, die nur den Akkusativ verlangen, in die linke Spalte, und Verben, die nur den Dativ oder den Dativ und den Akkusativ verlangen, in die rechte Spalte. Geben Sie jeweils ein Beispiel:

Ich berate dich.   *Ich schenke dir ein Buch.*

Sprachsensibilisierung (optional): Sie könnten den TN als grobe Orientierungshilfe erklären, dass in der rechten Spalte vor allem Verben stehen müssen, die ein Akkusativ- und ein Dativobjekt haben können. Es sind dies vor allem die Verben des Gebens und Nehmens sowie die Verben des Sagens und Verschweigens, da die Person, der etwas gesagt, gegeben, genommen oder verschwiegen wird, bei diesen Verben immer im Dativ steht. Außerdem müssen in der rechten Spalte natürlich die Verben stehen, die ein Dativobjekt brauchen, wie *danken* und *helfen*. Manchmal kann ein Verb in beiden Spalten stehen.

3 In Partnerarbeit vergleichen die TN ihre Listen und bilden dabei mündlich Sätze mit *lassen* in der Bedeutung *etwas nicht selbst tun, etwas in Auftrag geben, etwas erlauben.* Geben Sie wieder jeweils ein Beispiel vor:

Du lässt dich beraten.   *Du lässt dir etwas schenken.*

Sprachsensibilisierung (optional): Weisen Sie die TN darauf hin, dass *dich* und *dir* Reflexivpronomen sind. Die Frage, ob das Verb II (*beraten, schenken,* usw.) Akkusativ oder Dativ braucht, ist nur dann wichtig, wenn *lassen* mit einem Reflexivpronomen verwendet wird. *Lassen* hat dann meist die Bedeutung *etwas nicht selbst tun, etwas in Auftrag geben, etwas erlauben.*

B Präsentation und Rekonstruktion des Modelltextes

1 Präsentieren Sie den Modelltext mit Hilfe des OHP auf die folgende Art und Weise: Decken Sie den Text mit einem Blatt Papier ab, bitten Sie Ihre TN gut aufzupassen, und zeigen Sie ihnen die erste Zeile des Textes ungefähr zwei Sekunden lang. Decken Sie die Zeile dann wieder ab. Ihre TN schreiben die Zeile auf. Zeigen Sie dann die zweite Zeile ungefähr zwei Sekunden lang. Fahren Sie fort, bis die TN den ganzen Text aufgeschrieben

haben. Beachten Sie dabei, dass Sie mit einem zweiten Blatt Papier auch die oberen Zeilen des Textes, die Sie schon vorher präsentiert haben, abdecken müssen, so dass die TN nur jeweils eine Textzeile sehen.

2 In Partnerarbeit vergleichen die TN ihre Texte.

3 Zwei oder drei TN lesen ihre Texte vor. Zeigen Sie dann den kompletten Text, so dass alle ihre Texte korrigieren können.

KV 3.1 MODELLTEXT

Gute Ratschläge
Sie: Lass dir doch davon erzählen!
       Lass dich doch beraten!
       Lass dich informieren!
       Lass dich untersuchen!
       Lass dich behandeln!
       Lass dir helfen!
Er: Lass mich doch endlich in Ruhe!

4 Suchen Sie gemeinsam mit Ihren TN einen möglichen Kontext für diesen Text. Lassen Sie die TN überlegen, wer mit wem worüber spricht, welches Verhältnis die Sprecher zueinander haben, was dem Dialog vorausgegangen sein könnte, usw.

C Kreatives Schreiben

Die TN schreiben auf der Basis des Modelltextes eigene Texte.

VARIANTE

Wenn Sie die Beispielsätze und den Modelltext ohne lassen *formulieren, können Sie die Einheit auch in weniger fortgeschrittenen Gruppen einsetzen und dabei Verben mit Dativ- bzw. Akkusativobjekten oder reflexive Verben üben.*

VARIANTE 1: Überredungskünste

Sie: *Glaub mir, sie beraten dich gut.*
       Sie sagen dir alles.
       Sie informieren dich und dann untersuchen sie dich.
       Sie behandeln dich sicher richtig.
       Sie geben dir genau das, was du brauchst, und sie helfen dir.
Er: *Lass mich doch endlich in Ruhe!*

Beispielsätze:
Er erzählt ihnen immer wieder dieselbe Geschichte und trotzdem hören sie ihm immer wieder gebannt zu. Soll ich dir beim Geschirrspülen helfen und dich dann in die Stadt begleiten? Das Kleid passt ihr sicher gut, aber den Schirm würde ich ihr nicht dazu kaufen. Wenn du ihm gratulierst, dann bedanke dich auch gleich für das Weihnachtsgeschenk.

VARIANTE 2: Reflexive Verben

Sie: *Du interessierst dich für gar nichts mehr.*
       Du wünschst dir nichts mehr.
       Du nimmst dir nichts mehr vor.
       Du traust dich nichts mehr und
       du traust dir auch nichts mehr zu.
       Was ist denn mit dir los?
Er: *Ach lass mich doch in Ruhe!*

*(Niveau für beide Varianten: 1-**2-3**-4-5)*

4 Briefe an Frau Josephine

Grammatik: Erzählen im Präsens, Zeitangaben, einfache Nebensätze

Sprechintention: Ein persönliches Problem beschreiben, um Hilfe bitten

Niveau: 1-**2**-**3**-4-5

Dauer: 30 bis 40 Minuten

Materialien: Eventuell Kopien von Text A (KV 4.1) in Klassenstärke, Kopien des Arbeitsblattes (KV 4.3) in Klassenstärke, Text B (KV 4.2) auf einer Folie für den Tageslichtprojektor oder auf einem Packpapierbogen

---

A Thematische Einstimmung

Wer ist Frau Josephine?

Erklären Sie Ihren TN, was Zeitungsratgeber sind, oder fragen Sie die TN, was sie sich darunter vorstellen. Falls jemand in Ihrem Kurs noch nie einen Brief an einen Zeitungsratgeber gelesen hat, lesen Sie ein Beispiel vor oder geben Sie jedem TN eine Kopie von Text A (der Text stammt aus einer österreichischen Wochenzeitung):

<u>KV 4.1</u> TEXT A

Brief an Frau Josephine

„Graue Haare"
Ich bin erst 18 und habe auf meinem Kopf schon ein oder zwei graue Haare entdeckt. Ist das in meinem Alter natürlich? Ich mache mir ziemliche Sorgen, dass ich jetzt schon grau werde.
Erich

Unsere Gene bestimmen, wann unsere Haare grau werden. Frag deine Eltern, in welchem Alter sie grau wurden. Wenn deine Eltern noch keine grauen Haare haben, handelt es sich bei dir höchstwahrscheinlich um einen Zufall. Der menschliche Kopf hat durchschnittlich 10.000 Haare. Manchmal verliert das eine oder andere Haar sein Pigment. Solche einzelnen grauen Haare bedeuten gar nichts.

(Aus: „Die ganze Woche" vom 20.3.1996, gekürzt und vereinfacht)

Ratespiel

1 Erklären Sie den TN, dass Sie noch einen Leserbrief vorlesen werden, dass dieser Brief aber nicht von einer Person, sondern von einem Ding geschrieben wurde. Erklären Sie eventuell einige unbekannte Wörter aus dem Text.
2 Lesen Sie dann Text B vor, lassen Sie dabei aber die Zeile *Ich bin eine Straßenlaterne* aus.
3 Ihre TN sollen raten, welches Ding diesen Brief geschrieben hat. Falls Sie es für notwendig halten, schreiben Sie Fragen für dieses Ratespiel an die Tafel. Zum Beispiel:

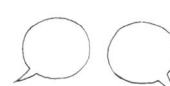

> *Ist es aus . . . ?*
>
> *Können wir es vom Klassenzimmer aus sehen?*
>
> *Hat man es normalerweise zu Hause?*

4 Präsentieren Sie den Brief (KV 4.2) schließlich am OHP oder auf einem Packpapierbogen.

KV 4.2 TEXT B

Liebe Frau Josephine!
Ich bin eine Straßenlaterne
Jeden Samstag Abend gegen fünf
kommen drei Burschen
mit blauweißen Schals und
blauweißen Kappen.
Sie grölen, johlen und
fuchteln wild mit den Händen.
Manchmal treten sie mich,
manchmal umarmen und küssen sie mich.
Was soll ich tun?
Wie kann ich sie zur Vernunft bringen?
Deine ratlose Luise Scheinschön.
(Aus: Michael Rosen, Wouldn't You Like to Know?, Puffin Books 1981, S. 75, übersetzt
und adaptiert.)

B Präsentation und Rekonstruktion des Modelltextes

Textsalat

Präsentieren Sie den TN auf einem Arbeitsblatt oder am Tageslichtprojektor eine Version
des Modelltextes, bei der die Zeilen durcheinandergebracht wurden (KV 4.3). Fordern Sie
die TN auf, die Zeilen in der richtigen Reihenfolge zu numerieren.

KV 4.3 ARBEITSBLATT: TEXT C

die erste vorne rechts,
Und während der Mann wegschaut,
Jeden Tag, so gegen sieben,
Liebe Frau Josephine,
Franziska Hartholzinger.
Ich glaube, du kannst dir den Rest denken …
mit seinem Hund in den Park.
Ich bin eine alte Eiche,
Deine unglückliche
wenn man in den Park kommt.
Was soll ich tun?
kommt sein Hund, hebt sein Hinterbein und …
kommt ein kleiner alter Mann

KV 4.4 MODELLTEXT (LÖSUNG VON TEXT C)

Liebe Frau Josephine,
ich bin eine alte Eiche,
die erste vorne rechts,
wenn man in den Park kommt.
Jeden Tag, so gegen sieben,
kommt ein kleiner alter Mann
mit seinem Hund in den Park.
Und während der Mann wegschaut,
kommt sein Hund, hebt sein Hinterbein und …
Ich glaube, du kannst dir den Rest denken …
Was soll ich tun?
Deine unglückliche
Franziska Hartholzinger.

C Kreatives Schreiben

Die TN schreiben auf der Basis der Modelltexte eigene Texte.

<u>TEXT EINES TN</u>

Liebe Josephine!
Ich bin ein Paar Schuhe.
Jeden Tag muss ich hundert Kilometer
gehen, und ich muss fünfundsiebzig
Kilo tragen! Ich muss auf alles
draufsteigen! In meinem Inneren
riecht es schlecht ....
Was soll ich tun?
Bitte helfen Sie mir!
Ihr unglückliches Paar Schuhe

5 Die Sternschnuppe im Swimmingpool

Grammatik: Perfekt

Sprechintentionen: Über eigene Erfahrungen und Erlebnisse berichten

Niveau: 1-**2**-**3**-4-5

Dauer: 45 Minuten

Materialien: Kartonkärtchen mit den Infinitivformen einiger unregelmäßiger Verben, Kopien des Arbeitsblattes KV 5.2 in Klassenstärke, eventuell eine Folie für den Tageslichtprojektor mit Fragen im Perfekt (KV 5.1)

A Thematische Einstimmung

Auf dem Rücken des Nachbarn schreiben

1 Die TN arbeiten in Partnerarbeit, TN A mit TN B.
2 Fordern Sie alle TN mit dem Buchstaben B auf, sich so hinzusetzen, dass sie Ihnen den Rücken zukehren, die TN mit dem Buchstaben A sollen zu Ihnen sehen. Niemand darf während dieser Übung ein Wort sprechen.

3 Stellen Sie pantomimisch eine Tätigkeit dar, die durch ein unregelmäßiges Verb ausgedrückt werden kann, oder zeigen Sie den Infinitiv dieses unregelmäßigen Verbs auf einem Kartonkärtchen. Die TN mit dem Buchstaben A drehen sich nun zu ihrem jeweiligen Partner und schreiben die Präteritumsform dieses Verbs mit dem Finger auf seinen Rücken, und zwar die Buchstaben einzeln nacheinander, so dass dieser das Wort „erfühlen" kann.

4 Dann schreiben die TN mit dem Buchstaben B das Partizip II des Verbs auf ein Blatt Papier, das sie mit der beschriebenen Seite nach unten vor sich auf den Tisch legen. Demonstrieren Sie diese Übung zuerst mit zwei TN vor der ganzen Klasse. Geben Sie dann zehn bis fünfzehn Wörter auf diese Weise vor.

5 Die TN tauschen die Rollen, so dass nun die TN mit dem Buchstaben A Ihnen den Rücken zukehren und die TN mit dem Buchstaben B zu Ihnen sehen. Präsentieren Sie noch einmal zehn bis fünfzehn Infinitive von unregelmäßigen Verben.

6 Lesen Sie dann die komplette Liste Ihrer Verben vor und fordern Sie die TN auf, zu kontrollieren, wie viele sie davon richtig notiert haben.

Alternativvorschlag I
Schritt 2: Die TN mit dem Buchstaben A schreiben das Präteritum nicht auf den Rücken ihres Partners, sondern flüstern ihm die Präteritumsform ins Ohr.

Alternativvorschlag II
Sie stellen Tätigkeiten, die durch unregelmäßige Verben ausgedrückt werden können, pantomimisch dar. Die TN, die zu Ihnen sehen, flüstern ihrem Partner den Infinitiv des Verbs ins Ohr, dieser schreibt das Partizip II auf.

Alternativvorschlag III

1 Zeigen Sie zehn bis zwanzig Infinitive von unregelmäßigen Verben, die Sie auf Kartonkärtchen geschrieben haben, und lassen Sie diese Wörter von den TN pantomimisch darstellen.

2 Verwenden Sie dieselben Kärtchen noch einmal und fordern Sie die TN jetzt auf, das Partizip II des Verbs anzugeben und Sätze im Perfekt zu bilden, die mit „Ich bin schon einmal …" bzw. mit „Ich habe schon einmal …" beginnen.

Sprachsensibilisierung (optional): Weisen Sie darauf hin, dass das Perfekt mit dem Partizip II und dem Hilfsverb *haben* oder *sein* gebildet wird. In Schritt 2 sollen die TN die Partizipformen gemeinsam mit dem richtigen Hilfsverb aufschreiben, z. B.: „gekommen sein".
Wiederholen Sie in Schritt 4 die Regeln für die Bildung des Partizip II und für die Verwendung von *haben* bzw. *sein*.

Erfahrungen austauschen

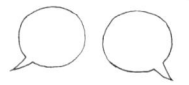

1 Zeigen Sie mit Hilfe des Tageslichtprojektors die untenstehenden Fragesätze, lesen Sie diese vor, klären Sie die Bedeutung unbekannter Wörter und lassen Sie die TN wie im Beispiel unten kurz und spontan auf die Fragen reagieren. Wenn niemand eine Antwort geben will, präsentieren Sie einfach die nächste Frage.

KL: „Hast du schon einmal bei einem Glücksspiel gewonnen?"
TN: „Ja, ich habe einmal im Lotto vier Richtige gehabt."
KL: „Und wieviel hast du gewonnen?"
TN: „Nur 80 Mark."

KV 5.1 IMPULSFRAGEN

Hast du schon einmal bei einem Glücksspiel gewonnen?
Bist du schon einmal in einem Wasserbett gelegen?
Hast du schon einmal innerhalb einer Woche 3 Kilo abgenommen?
Hast du schon einmal eine Fledermaus gefangen?
Bist du schon einmal drei Stunden lang im Wartezimmer eines Arztes gesessen?
Hast du schon einmal mit einem Polizisten gestritten?
Hast du schon einmal Schnecken gegessen?
Hast du schon einmal ein Liebesgedicht geschrieben?
Hast du schon einmal deinen Geldbeutel verloren?
Hast du schon einmal einen Geist gesehen?
Hast du schon einmal etwas Kitschiges gekauft?
Bist du schon einmal auf einem Kamel geritten?
Warst du schon einmal in einem Museum für moderne Kunst?

2   Die TN sollen sich die Liste eine Minute lang genau ansehen, dann schalten Sie den Tageslichtprojektor aus.
3   Alle TN sollen jetzt den Fragesatz, der ihnen am besten gefallen hat, sagen.

Didaktischer Hinweis: In den meisten modernen Lehrwerken für Deutsch als Fremdsprache werden die Präteritumsformen von *haben* und *sein* vor dem Perfekt oder zumindest gleichzeitig eingeführt, da im Deutschen bei *haben* oder *sein* häufiger das Präteritum und nicht das Perfekt verwendet wird. In dieser Unterrichtssequenz wird daher das Präteritum von *haben* und *sein* parallel zum Perfekt verwendet. Wenn Sie nur die Perfektstruktur üben wollen (im süddeutschen Sprachraum wird auch bei den Verben *haben* und *sein* häufig das Perfekt und nicht das Präteritum verwendet), lassen Sie die Präteritumssätze weg oder setzen Sie diese Sätze einfach ins Perfekt. Achtung: Auch der Modelltext enthält zwei Sätze im Präteritum!

B Präsentation und Rekonstruktion der Modelltexte

Sinnvolle Sätze bilden

1   Geben Sie allen TN eine Kopie des Arbeitsblattes 5.2. Die TN sollen die unterstrichenen Wörter aus dem Text A mit den unterstrichenen Wörtern aus dem Text B vertauschen, so dass beide Texte sinnvoll werden.

KV 5.2 ARBEITSBLATT

Text A

Warst du schon einmal bei einer Geburtstagsparty eine Rede fort?
Hast du dich schon einmal zu einer Cocktailparty verkleidet?
Hast du schon einmal die ganze Nacht gefunden?
Nein, noch nie, aber das möchte ich gern.

Text B

Warst du schon einmal eine Sternschnuppe im Swimmingpool wach?
Hast du schon einmal eine Einladung länger als einen Monat von zu Hause bekommen?
Hast du schon einmal als Clown gehalten?
Nein, noch nie, aber ich glaube, das möchte ich auch nicht.

2 Fordern Sie einen TN auf, seine Lösung vorzulesen, und fragen Sie die anderen, ob ihnen die Lösung korrekt erscheint. Lesen Sie dann die Originalversion (Modelltext) der beiden Texte vor.

KV 5.3 MODELLTEXT

Modelltext A

Warst du schon einmal länger als einen Monat von zu Hause fort?
Hast du dich schon einmal als Clown verkleidet?
Hast du schon einmal eine Sternschnuppe im Swimmingpool gefunden?
Nein, noch nie, aber das möchte ich gern.

Modelltext B

Warst du schon einmal die ganze Nacht wach?
Hast du schon einmal eine Einladung zu einer Cocktailparty bekommen?
Hast du schon einmal bei einer Geburtstagsparty eine Rede gehalten?
Nein, noch nie, aber ich glaube, das möchte ich auch nicht.

C Kreatives Schreiben

Die TN sollen nun eigene Texte schreiben. Als Hilfestellung könnten Sie folgenden Text-impuls an die Tafel schreiben:

Hast (bist/warst) du schon einmal … ?
Hast (bist/warst) du schon einmal … ?
Hast (bist/warst) du schon einmal … ?
Nein, noch nie, aber das möchte ich gern.

Hast (bist/warst) du schon einmal … ?
Hast (bist/warst) du schon einmal … ?
Hast (bist/warst) du schon einmal … ?
Nein, noch nie, aber das möchte ich auch nicht.

TEXT EINES TN

Bist du schon einmal nach Amerika geflogen?
Bist du schon einmal in einem Ferrari gefahren?
Hast du schon einmal Lachs gegessen?
Nein, noch nie, aber das möchte ich gerne.
Hast du schon einmal eine Expedition in die Wüste gemacht?
Bist du schon einmal mit einem Fallschirm gesprungen?
Warst du schon einmal in einem Gefängnis?
Nein, noch nie, aber das möchte ich auch nicht.

6 Warum hat sie geweint?

Grammatik: Perfekt

Sprechintention: Erzählen, was passiert ist

Niveau: 1-**2**-**3**-4-5

Dauer: 40 bis 50 Minuten

Materialien: Kopien des Modelltextes KV 6.1 in Kursstärke

B Präsentation und Rekonstruktion des Modelltextes

Eine Hintergrundgeschichte erfinden

1 Bilden Sie Gruppen zu je drei bis vier TN.
2 Teilen Sie dann den TN einer Gruppe jeweils die Buchstaben A, B, C und D zu.
3 Geben Sie allen TN eine Kopie des Modelltextes.

KV 6.1 MODELLTEXT

Heute Morgen habe ich im Bus eine Frau gesehen.
Ihr Gesicht war verschwollen.
Sie hat geweint.
Hat sie die zwei Jugendlichen bemerkt,
die über sie gelacht haben?
Hat sie gehofft, dass jemand mit ihr spricht?
Ich habe sie nicht angesprochen.
Frage mich nicht, warum.

4 Fordern Sie die TN auf, den Text zu lesen und gemeinsam eine Hintergrundgeschichte zu erfinden. Sie können folgende Leitfragen für die Gruppenarbeit vorgeben:

„Was ist vor der Busfahrt passiert?"
„Wen hat die Frau vor der Busfahrt getroffen?"
„Wie haben sich diese Personen verhalten?"
„Warum haben sie sich so verhalten, was waren ihre Motive?"
„Was ist nach der Busfahrt passiert?"

Geschichten erzählen

1 Alle TN, die anfangs den Buchstaben A bekommen haben, alle TN mit dem Buchstaben B, mit dem Buchstaben C und alle mit dem Buchstaben D bilden jeweils eine neue Gruppe.
2 Jeder TN soll jetzt den anderen Gruppenmitgliedern seine Version der Geschichte erzählen.

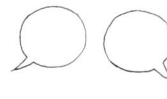

Ähnliche Situationen finden

1 Der Erzähler, der die Frau im Bus gesehen hat, weiß nicht genau, was passiert ist. Die TN sollen versuchen, sich mit dem Erzähler zu identifizieren und über dessen Gefühle in dieser Situation zu spekulieren. Fragen Sie die TN, ob sie in einer ähnlichen Weise oder ganz anders reagiert hätten. Je nach Niveau der TN können Sie dabei den Konjunktiv II der Vergangenheit („Wie hättest du reagiert?") oder das Präsens üben lassen.

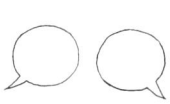

Geben Sie eventuell Redemittel vor, zum Beispiel:

> *Ich hätte genauso reagiert. – Ich hätte mich anders verhalten. –*
> *Ich hätte die Frau gefragt, warum/ob/wer …*

2 Geben Sie einige Minuten Zeit, in denen jeder TN sich an eine Situation erinnern soll, in der er ähnliche Gefühle hatte wie der Erzähler. Erklären Sie den TN, dass sie auch Situationen erfinden können, wenn sie keine ähnlichen Erlebnisse hatten oder wenn sie über ihre persönlichen Erlebnisse nicht schreiben möchten.

3 Ihre TN sollen dann in Form von Notizen alles sammeln, was sie noch über diese erlebte Situation in Erinnerung haben. Wenn die TN an eine fiktive Situation denken, sollen sie möglichst viele zu diesem Ereignis passende Details aufschreiben.

C Kreatives Schreiben

Sprachsensibilisierung:
Erklären Sie Folgendes über die Struktur des Modelltextes:
a) Eröffnungsstatement (Zeile 1) – allgemein
b) Konzentration auf eine Person (Zeilen 2-3) – spezifisch
c) zwei Fragen zur Situation (Zeilen 4-6)
d) Verhalten des Erzählers (Zeile 7)
e) der Leser wird angesprochen (Zeile 8)

Die TN sollen jetzt eigene Texte schreiben, wobei sie sich an die oben beschriebene Struktur des Textes halten sollen.

VARIANTE

Wenn Sie im Modelltext die beiden Fragen durch Vermutungen des Erzählers über die Situation der Frau ersetzen, können Sie mit dieser Einheit auch Modalverben mit Infinitiv Perfekt oder Futur I mit Infinitiv Perfekt in der Funktion „Vermutungen anstellen" üben:

Heute Morgen habe ich im Bus eine Frau gesehen.
Ihr Gesicht war verschwollen.
Sie hat geweint.
Die zwei Jugendlichen, die über sie gelacht haben,
wird sie wohl nicht bemerkt haben.
Aber sie könnte darauf gewartet haben, dass jemand mit ihr spricht.
Ich habe sie nicht angesprochen.
Frage mich nicht, warum.

Sie müssten dann auch die Leitfragen für die Gruppenarbeit umformulieren:
„Was wird wohl vor der Busfahrt passiert sein?"
„Wen könnte die Frau wohl vor der Busfahrt getroffen haben?"
„Wie könnten sich diese Personen verhalten haben?"
„Warum könnten sie sich so verhalten haben, was werden wohl ihre Motive gewesen sein?"
„Was könnte wohl nach der Busfahrt geschehen sein?"

*(Niveau: 1-2-3-**4**-5)*

7 Was für eine Überraschung!

Grammatik: Präteritum

Sprechintention: Geschichten erzählen

Niveau: 1-2-**3**-4-5

Dauer: 2 Einheiten zu je 40 bis 50 Minuten

Materialien: Tageslichtprojektor oder 44 Kartonkärtchen

Vorbereitung: Kopieren oder schreiben Sie den Modelltext KV 7.1 auf eine Folie für den Tageslichtprojektor oder auf Kartonkärtchen (auf jedes Kärtchen ein Wort).

Erste Unterrichtseinheit

A Thematische Einstimmung

Assoziationen bilden

1 Zum „Aufwärmen" und als Einstimmung für die folgenden Aktivitäten können Sie folgende Rhythmusübung durchführen: Lassen Sie die TN einen Sitzkreis bilden. Klatschen Sie in die Hände. Der TN neben Ihnen soll sofort danach auch in die Hände klatschen. Dann kommt der nächste TN an die Reihe und so weiter. Üben Sie das eine Zeitlang in eine Richtung, bis ein flüssiges und rhythmisches schnelles Klatschen zu hören ist. Ändern Sie dann die Richtung.

2 Erklären Sie dann den TN, dass Sie dasselbe jetzt mit Begriffen durchführen. Sie geben ein Wort vor, und anstatt zu klatschen, soll der nächste TN ein Wort sagen, das er mit diesem Begriff assoziiert und so fort. Zum Beispiel:

Wald – Hase – Karotte – Garten – Blumen – rot usw.

Auch diese Übung soll so rasch und rhythmisch wie möglich durchgeführt werden.

Dissoziationen bilden

Noch einmal wird eine Begriffskette gebildet. Diesmal soll ein Wort genannt werden, das nichts mit dem vorher genannten zu tun hat. Zum Beispiel:

Wald – Salz – gut – Mantel – wirklich – Wörterbuch usw.

Spontane Geschichte: Assoziationen

Sagen Sie den TN, dass Sie eine Geschichte erzählen werden. Jeder kann Sie dabei unterbrechen, indem er Ihnen ein Wort zuruft, das Sie noch nicht verwendet haben, aber das irgendwie in die Geschichte passt. Sie müssen dieses Wort dann in ihre Geschichte integrieren. Zum Beispiel: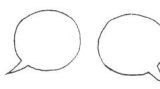

KL: „Es war einmal …"
TN 1: „König."
KL: „Ja, ein König. Er hatte einen wunderschönen Garten."
TN 2: „Hexe."
KL: „Der König hatte also einen wunderschönen Garten, der ihm sehr gefiel. Aber es gab ein Problem. In der hintersten Ecke des Gartens stand eine kleine Hütte, und in dieser Hütte lebte eine Hexe."
TN 3: „Mitternacht." usw.

Spontane Geschichte: Dissoziationen

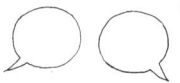

1 Sie erzählen wieder eine Geschichte, diesmal werden Sie allerdings von den TN mit Wörtern unterbrochen, die scheinbar nichts mit Ihrer Geschichte zu tun haben. Dadurch kann es zu überraschenden Wendungen in der Erzählung kommen. Zum Beispiel:

KL: „Es war einmal …“
TN 1: „Dampfmaschine.“
KL: „… eine alte Dampfmaschine.“
TN 2: „Kuh.“
KL: „Ihr werdet es kaum glauben, aber die Dampfmaschine verliebte sich in eine Kuh. Eines Tages …“
TN 3: „Pizza.“
KL: „Pizza? Gut, eines Tages wollte die Dampfmaschine die Kuh zum Mittagessen einladen. Die Kuh liebte die italienische Küche, daher gingen Sie in ein Pizzarestaurant.“
TN 4: „Messer.“
KL: „Messer, gut, die Kuh hatte ihr eigenes Messer mitgebracht, weil …“ usw.

Sprachsensibilisierung (optional): Erklären Sie die Bildung des Präteritums. Zum Beispiel: Unregelmäßige Verben bilden das Präteritum mit Vokalwechsel, die Konjugationsendungen sind gleich wie die Konjugationsendungen von Modalverben im Präsens. Regelmäßige Verben und Mischverben haben zwischen Verbstamm und Endung im Präteritum *-te-*.

2 Lassen Sie in Dreiergruppen „spontane Geschichten“ erzählen: Zwei TN geben Inhaltswörter vor, ein dritter erzählt die Geschichte.

B Präsentation und Rekonstruktion des Modelltextes

Text erraten

1 Legen Sie Ihre Folie mit dem Modelltext auf den Tageslichtprojektor und verdecken Sie dabei den ganzen Text bis auf das erste Wort.
2 Lassen Sie die TN jetzt den Text Wort für Wort rekonstruieren. Verwenden Sie dabei zwei Papierblätter, mit denen Sie den Text langsam, Wort für Wort, aufdecken. Bewegen Sie dabei ein Blatt in horizontaler und ein Blatt in vertikaler Richtung. Geben Sie so wenig verbale Hilfe wie möglich, aber verwenden Sie folgende Hilfestellungen:
– Mimik, Gestik
– Decken Sie den ersten Buchstaben des nächsten Wortes auf.
– Decken Sie von einzelnen Wörtern einen Buchstaben nach dem anderen auf.
– Bestätigen oder korrigieren Sie einen Rateversuch Ihrer TN, wobei Sie grammatikalische Begriffe verwenden (z. B. „Kein Plural.“ – „Verwende eine andere Zeitform.“ – „Richtig, es ist ein Verb.“).

KV 7.1 MODELLTEXT

Als ich gestern spät in der Nacht heimkam,
fand ich eine Kröte in meinem Bett.
Sie schnarchte.
Ich war so erschrocken,
dass ich aus dem Zimmer rannte.
Als ich zur Haustür kam,
saß sie auf meiner Türschwelle
und grinste.
„Ich heiße Johannes“,
sagte sie
und verschwand.

Alternative

Wenn Sie keinen Tageslichtprojektor zur Verfügung haben, versuchen Sie folgende Präsentation:

1 Schreiben Sie die Wörter auf Kartonkärtchen, ein Wort auf jedes Kärtchen.
2 Befestigen Sie die Kärtchen in der richtigen Abfolge mit der Schrift zur Wand auf einer Pinnwand oder mit Klebeband an der Tafel. Sie können die Kärtchen auch auf dem Boden auflegen, wobei Sie und Ihre TN um die Kärtchen einen Sitzkreis bilden. Sie könnten auf der Rückseite jedes Kärtchens noch einmal klein das Wort, das auf der Vorderseite steht, notieren, so dass Sie selbst während der Textrekonstruktionsphase immer wissen, welches Wort als nächstes erraten werden soll.
3 Lassen Sie den Text wie oben rekonstruieren.

Zweite Unterrichtseinheit

1 Sie präsentieren den Modelltext der letzten Stunde auf einer Folie bzw. mit Kartonkärtchen. Decken Sie dabei einige Wörter im Text ab (bzw. entfernen Sie einige der Kartonkärtchen) und erfragen Sie die fehlenden Wörter.
2 Wiederholen Sie das einige Male, wobei Sie immer mehr Wörter abdecken.

C **Kreatives Schreiben**

1 Schreiben Sie folgendes Textskelett an die Tafel:

Als ich (der alte Mann/meine Schwester/mein Freund usw.) _____ ,
traf/bemerkte/fand _____ .
Er/sie/es _____ .
Ich/er/sie _____war so _____ ,
dass _____ .
Als _____ ,
_____ .

2 Die TN schreiben mit Hilfe der Struktur des Textskelettes eigene Texte.
3 Lassen Sie anschließend einen Sitzkreis bilden. Die TN sollen der Reihe nach ihre Texte laut vorlesen.

VARIANTE

Wenn Sie den Modelltext ein wenig verändern, könnten Sie damit auch „Erzählen im Präsens" üben:

Stell dir vor:
Ich komme gestern spät in der Nacht nach Hause.
Da finde ich eine Kröte in meinem Bett.
Sie schnarcht.
Ich bin furchtbar erschrocken.
Ich renne aus dem Zimmer zur Haustür.
Dort sitzt sie auf meiner Türschwelle und grinst.
„Ich heiße Johannes", sagt sie
und verschwindet.

*(Niveau: 1-**2**-3-4-5)*

TEXT EINES TN

Als ich in einem Wald war,
sah ich einen Zwerg.
Er hatte einen Ring.
Ich war sicher,
dass der Ring sehr kostbar war.
Ich fragte den Zwerg,
wo er den Ring gefunden hatte.
Er sagte nichts.
Er wusste, dass ich ein Dieb bin,
und Zwerge behüten ihren Schatz.
So lief er in den Wald
und ich sah ihn nie wieder.
Schade.
So schön war der Ring.

8 Wo sie wohl ist?

Grammatik: Futur mit modaler Bedeutung

Sprechintention: Vermutungen anstellen

Niveau: 1-2-**3**-4-5

Dauer: 45 Minuten

Materialien: Einige Kopien der Arbeitsblätter A (KV 8.1), B (KV 8.2) und C (KV 8.3), eventuell den Modelltext (KV 8.4) auf einer Folie für den OHP

A Thematische Einstimmung

1 Erklären Sie den TN, dass jeder von uns in seinem Leben verschiedene Rollen übernimmt. Geben Sie ein Beispiel:

   „Für euch bin ich Lehrerin, für meine Tochter aber Mutter."

2 Schreiben Sie einige Rollen an die Tafel, die Sie in Ihrem Leben spielen. Schreiben Sie auch auf, wem gegenüber Sie diese Rollen einnehmen, zum Beispiel:

> *Lehrer/Lehrerin* *Schüler/Schülerin*
>
> *Mutter/Vater* *Tochter/Sohn*
>
> *Kunde/Kundin* *Friseur*

2 Fordern Sie die TN auf, für sich dasselbe zu tun.
3 Schreiben Sie die aktuelle Uhrzeit an die Tafel. Wenn Sie eine multinationale Klasse unterrichten, fragen Sie die TN nach der aktuellen Uhrzeit in ihren Heimatländern und schreiben Sie diese auch auf.
4 Wählen Sie eine der Personen, für die Sie eine bestimmte Rolle einnehmen, aus Ihrer Liste aus, etwa „Mutter/Vater", und schreiben Sie Folgendes an die Tafel:

> *Es ist jetzt ... (aktuelle Uhrzeit).* *Sie kommt heute früher von der Schule nach*
>
> *Meine Tochter wird jetzt wohl* *Hause, weil ihre Mathematiklehrerin*
>
> *schon zu Hause sein.* *krank ist.*

Sprachsensibilisierung (optional): Weisen Sie darauf hin, dass das Futur I hier verwendet wird, um eine Vermutung über eine Situation in der Gegenwart auszudrücken. Die Modalpartikel *wohl* unterstützt diese Funktion.

5 Die TN sollen jetzt zwei Personen aus ihren Listen auswählen und über diese Personen jeweils zwei Sätze nach dem obigen Muster aufschreiben.
6 In Dreiergruppen beschreiben die TN die Personen, über die sie geschrieben haben, kurz, lesen ihre Sätze vor und tauschen notwendige oder interessante Zusatzinformationen aus.

B Präsentation und Rekonstruktion des Modelltextes

1 Erklären Sie den TN, dass Sie ihnen einen Text vorlesen werden. Sagen Sie ihnen, dass Sie den Text nur einmal vorlesen. Fordern Sie die TN auf, sich während des Zuhörens wichtige Begriffe zu notieren, da sie danach den Text rekonstruieren sollen.

2 Lesen Sie den Modelltext einmal langsam vor, und geben Sie danach Zeit, bis alle TN mit ihren Notizen fertig sind.

3 Teilen Sie den TN der Reihe nach die Buchstaben A, B und C zu.

4 Die TN mit dem Buchstaben A arbeiten in kleinen Gruppen zusammen und erhalten Arbeitsblatt A, die TN mit dem Buchstaben B arbeiten zusammen und erhalten Arbeitsblatt B, und die Teilnehmer mit dem Buchstaben C erhalten Arbeitsblatt C.

KV 8.1 ARBEITSBLATT A

Wo sie wohl ist?

___ wird __ _____ sein,

___ wird ____ ____ ____ _____ gemacht haben,

___ wird lächeln ___ _____ sein.

____ ___ wird ____ __ ___ sitzen

____ __ _____ ___ _____ essen.

___ wird ____ _____ ___ ___ ___ schauen

___ ____ ärgern, ____ ___ _____ ___ ____ genommen hat.

____ ___ wird ___ _____ ____ __ ____ stehen.

___ wird ___ _____ hören

___ ___ wird ____ verfluchen,

____ ___ ___ ____ genommen hat.

KV 8.2 ARBEITSBLATT B

Wo sie wohl ist?

Sie ____ __ Hause ____,

sie ____ sich ____ Tasse Kaffee _____ _____,

sie ____ _____ ___ _____ ___.

____ sie ____ ____ __ Zug _____

____ __ Bahnhofsgasthof ___ Sandwich _____.

Sie ____ _____ _____ ___ Uhr _____

___ sich _____, ____ sie _____ ___ Auto _____ ___.

____ sie ____ ___ ____ Auto __ Stau _____.

Sie ____ ___ Verkehrsnachrichten _____

___ sie ____ sich _____,

____ sie ___ Auto _____ ___.

KV 8.3 ARBEITSBLATT C

Wo sie wohl ist?

___ ____ zu _____ ___,

___ ____ ____ eine _____ _____ _____ ____,

___ ____ _____ und _____ ___,

Oder ___ ____ noch im ___ _____

oder im _____ ein _____ ____.

___ ____ immer wieder auf die ___ _____

und ____ _____, dass ___ nicht das ____ _____ ___.

Oder ___ ____ mit _____ ____ im ____ _____.

___ ____ die _____ ____

und ___ ____ sich _____,

dass ___ das ____ _____ ___.

5 Mit Hilfe des Arbeitsblattes und ihrer Notizen versuchen die TN, den Modelltext zu rekonstruieren. Sagen Sie den TN, dass sie Textteile, die sie nicht rekonstruieren können, offen lassen sollen.

6 Bilden Sie nach einiger Zeit neue Gruppen mit Repräsentanten aus allen drei großen Gruppen, so dass TN, die anfangs nur Verben erhalten haben, jetzt mit TN zusammenarbeiten, die vorher die Nomen bzw. die anderen Wörter aus dem Text erhalten haben.

7 Wenn die TN fertig sind, lassen Sie einige TN die vollständig rekonstruierten Texte vorlesen.

KV 8.4 MODELLTEXT

Wo sie wohl ist?
Sie wird zu Hause sein,
sie wird sich eine Tasse Kaffee gemacht haben,
sie wird lächeln und zufrieden sein.
Oder sie wird noch im Zug sitzen
oder im Bahnhofsgasthof ein Sandwich essen.
Sie wird immer wieder auf die Uhr schauen
und sich ärgern, dass sie nicht das Auto genommen hat.
Oder sie wird mit ihrem Auto im Stau stehen.
Sie wird die Verkehrsnachrichten hören
und sie wird sich verfluchen,
dass sie das Auto genommen hat.

Einen Kontext suchen

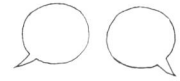

Präsentieren Sie dann zur Kontrolle den kompletten Modelltext. Schreiben Sie die drei Fragen „Wer?", „Über wen?" und „Warum?" an die Tafel, fordern Sie die TN auf, einen passenden Kontext zu finden, und notieren Sie die Vorschläge.

C Kreatives Schreiben

Die TN schreiben auf der Basis des Modelltextes eigene Texte. Als Hilfestellung könnten Sie folgendes Textskelett vorgeben:

TEXTSKELETT

Wo er/sie wohl ist/sind?
Er/sie wird/werden _____.
Er/sie wird/werden _____.
Er/sie wird/werden _____.
Er/sie wird/werden _____.
Oder er/sie wird/werden _____.

VARIANTEN

Wenn Sie den TN das Futur II nicht gleichzeitig mit dem Futur I präsentieren wollen, ersetzen Sie im Modelltext die zweite Zeile „… sie wird sich eine Tasse Kaffe gemacht haben …" durch „… sie wird eine Tasse Kaffee trinken …".

Wenn Sie den Modelltext folgendermaßen verändern, können Sie mit dieser Unterrichtseinheit auch die Verwendung von Modalverben in der Bedeutung „Vermutungen anstellen" oder auch das Futur II üben:

VARIANTE 1: Modalverben im Konjunktiv II

Sie müsste jetzt eigentlich zu Hause sein,
sie müsste sich eine Tasse Kaffee gemacht haben,
und eigentlich sollte sie lächeln und zufrieden sein.
Aber sie könnte auch noch im Zug sitzen
oder im Bahnhofsgasthof ein Sandwich essen.
Sie dürfte dann immer wieder auf die Uhr schauen
und sich ärgern, dass sie nicht das Auto genommen hat.
Oder sie könnte mit ihrem Auto im Stau stehen.
Sie dürfte dann die Verkehrsnachrichten hören
und sich verfluchen,
dass sie das Auto genommen hat.

*(Niveau: 1-2-**3**-4-5)*

VARIANTE 2: Futur II

Sie wird den Bus gerade noch erreicht haben,
sie wird sich Sorgen gemacht haben,
dass ihre schönen Schuhe und Strümpfe bei diesem Wetter nass werden.
Sie wird sich sehr beeilt haben,
um noch rechtzeitig das Theater zu erreichen.
Sie wird dort ihren Mantel abgegeben und ihre Freunde getroffen haben.
Vielleicht hat sie auch noch ein Programmheft gekauft.
Aber spätestens dann wird sie bemerkt haben,
dass ihre Theaterkarten hier zu Hause auf dem Tisch liegen.

*(Niveau:1-2-3-**4**-5)*

TEXT EINES TN

Er wird noch im Bett liegen und schlafen,
weil er eine lange Reise gemacht hat.
Er wird vielleicht fernsehen und sich freuen,
weil er so etwas noch nie gesehen hat.
Er wird einen Sonnenbrand haben,
aber nicht dunkel, sondern rosa werden.
Er wird eine Dose Katzenfutter essen
oder er wird schon zurück auf seinem Planeten sein.
Er ist E.T., mein Freund.

9 Nachdem er …

> **Grammatik:** Plusquamperfekt, Nebensätze mit „nachdem"
>
> **Sprechintention:** Erzählen, was passiert ist
>
> **Niveau:** 1-2-3-**4-5**
>
> **Dauer:** 50 Minuten
>
> **Materialien:** Bilderrätsel auf einer Folie (KV 9.1), evtl. einige Kopien des Modelltextes (KV 9.2).
>
> **Vorbereitung:** Zerschneiden Sie die Modelltextkopien so, dass jede Textzeile auf einem Papierstreifen steht.

A Thematische Einstimmung

1 Schreiben Sie folgenden Text an die Tafel:

warten

einsteigen

Sitzplatz finden

einnicken

geweckt werden

Fahrkarte suchen

rot werden

aussteigen

Strafe zahlen

3 Fordern Sie Ihre TN auf, einen Titel für diesen Text zu finden.

4 In Partnerarbeit sollen sich die TN Situationen ausdenken und sie nur mit Hilfe von Verben bzw. Verbphrasen beschreiben und notieren. Dann sollen sie jedem Text einen Titel geben, damit die beschriebene Situation zu erkennen ist.

3 Die Paare tauschen ihre Texte untereinander aus und versuchen, den Text ihrer Kollegen in Prosa wiederzugeben. Dabei sollen sie als Erzählzeit das Präteritum und Nebensätze mit *nachdem, sobald* und *als* verwenden. Geben Sie dafür ein Beispiel:

> „Gestern wartete ich an der Haltestelle auf den Bus. Nachdem ich 20 Minuten gewartet hatte, kam der Bus endlich und ich stieg ein. Nachdem ich eingestiegen war, fand ich einen Sitzplatz. Nachdem ich mich hingesetzt hatte, nickte ich ein …"

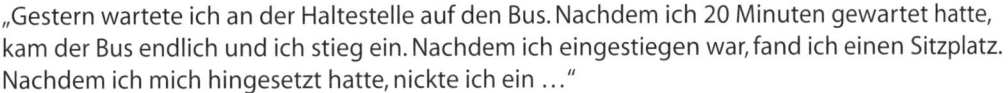

S p r a c h s e n s i b i l i s i e r u n g (optional): Erklären Sie die Bildung und Funktion des Plusquamperfekts.

4 Sammeln Sie dann die ursprünglichen Texte mit den Verben ein, lesen Sie einige vor, ohne dabei den Titel anzugeben, und lassen Sie die TN raten, welche Situation in dem jeweiligen Text beschrieben wird.

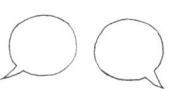

B Präsentation und Rekonstruktion des Modelltextes

Bilderrätsel

Präsentieren Sie den Modelltext (s. KV 9.2) in Form eines Bilderrätsels. Gehen Sie dabei folgendermaßen vor:

1 Zeigen Sie das Bilderrätsel auf einer Folie für den Tageslichtprojektor oder auf einem Packpapierbogen.

2 Lassen Sie den Modelltext von den TN rekonstruieren. Helfen Sie dabei mittels Gestik, Mimik, indem Sie Synonyme angeben, usw. Geben Sie aber sowenig Hilfestellungen wie möglich.

<u>**KV 9.1**</u> BILDERRÄTSEL

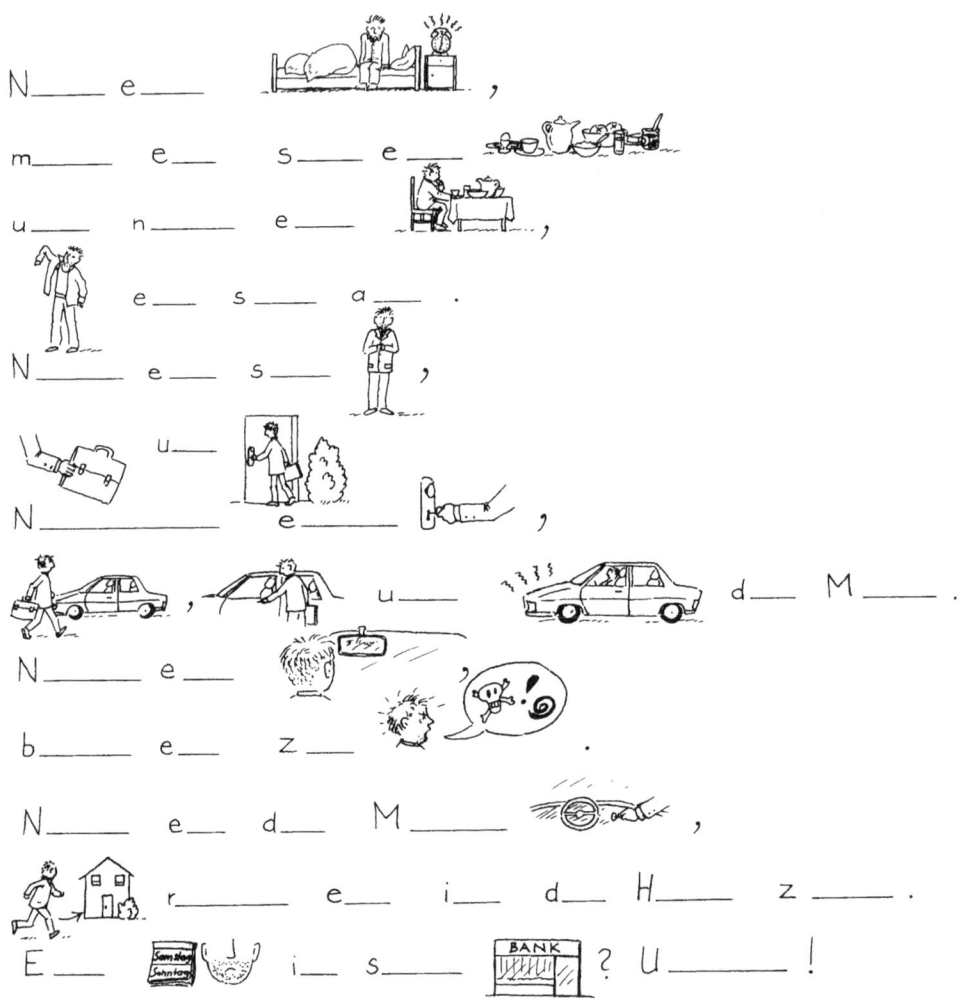

3 Nachdem die TN den Text rekonstruiert haben, präsentieren Sie den Modelltext noch einmal in Form eines Lückentextes. Geben Sie dabei immer nur den Anfangsbuchstaben jedes Wortes an:

N_____ e_ a_____ w__,
m_____ e_ s____ e__ F_____.
…

4 Die TN schreiben in Partnerarbeit den Modelltext mit Hilfe des Lückentextes auf. Einige TN lesen ihre Lösungen vor.

Variante

Als Variante können Sie den Modelltext folgendermaßen rekonstruieren lassen.

1 Bilden Sie Gruppen zu je drei bis vier TN.
2 Teilen Sie an jede Gruppe eine Kopie des zerschnittenen Modelltextes aus.
3 Die TN sollen versuchen, den Text zusammenzusetzen.
4 Einige TN lesen ihre Lösung vor.

KV 9.2 MODELLTEXT

Montag morgen

Nachdem er aufgestanden war,
machte er sich ein Frühstück.
Und nachdem er gefrühstückt hatte,
zog er sich an.
Nachdem er sich angezogen hatte,
griff er nach seiner Aktentasche und
schloss die Haustüre ab.
Nachdem er die Haustüre abgeschlossen hatte,
ging er zu seinem Wagen, schloss auf und startete den Motor.
Nachdem er in den Rückspiegel gesehen hatte,
begann er zu fluchen.
Nachdem er den Motor abgestellt hatte,
rannte er in das Haus zurück.
Ein Zweitagebart in seiner Bank? Unmöglich!

C Kreatives Schreiben

Die TN schreiben eigene Texte auf der Basis des Modelltextes. Gehen Sie durch den Kursraum, helfen Sie bei unbekannten Wörtern und greifen Sie danach auf die verschiedenen Möglichkeiten der Veröffentlichung zurück, die wir in der Einleitung beschrieben haben (Seite 13).

VARIANTEN

Wenn Sie den Modelltext ein wenig verändern, können Sie zusätzlich zu Nebensätzen mit nachdem *auch temporale Nebensätze mit* bevor, während, sobald *und* als *bzw. Präpositionen mit temporaler Bedeutung üben. Wenn Sie als Erzählzeit das Präsens statt des Präteritums verwenden, können Sie mit weniger fortgeschrittenen Gruppen den Text verwenden, um das Perfekt bzw. Präteritum in der Funktion „Vorzeitigkeit ausdrücken" zu üben (Variante 3).*

VARIANTE 1: *Temporale Nebensätze*

Nachdem er aufgestanden war,
aber noch bevor er sich anzog,
machte er sich sein Frühstück.
Während er frühstückte, las er die Zeitung.
Sobald er die Zeitung gelesen hatte,
griff er zu seiner Aktentasche,
schloss die Haustüre und ging zu seinem Wagen.
Bevor er den Motor startete,
sah er in den Rückspiegel.
Als er sein Gesicht im Rückspiegel sah,
begann er zu fluchen und rannte ins Haus zurück.
Ein Zweitagebart in seiner Bank? Unmöglich!

*(Niveau: 1-2-3-**4**-5)*

VARIANTE 2: *Präpositionen mit temporaler Bedeutung*

Nach dem Aufstehen
machte er sich ein Frühstück.
Nach dem Frühstück
usw.

VARIANTE 3: *So ist es jeden Tag*

Nachdem er aufgestanden ist,
macht er sich ein Frühstück.
Nachdem er gefrühstückt hat,
zieht er sich an.
usw.

TEXT EINES TN

Der Mann, der im falschen Land Urlaub machte!

Am Montag, nachdem er gepackt hatte,
fuhr er zum Flughafen.
Nachdem er beim Flughafen angekommen war,
nahm er seinen Platz im Flugzeug ein.
Nachdem das Flugzeug gelandet war,
verließ er das Flugzeug.
Als er Geld wechseln wollte, merkte er,
dass er im falschen Land war.
Da es zu spät war, andere Pläne zu machen,
verbrachte er seinen Urlaub in Timbactoo.
Nachdem er seinen Urlaub in Timbactoo verbracht hatte,
bat er seinen Chef um eine Versetzung
nach Timbactoo.

10 Ich habe nicht kommen können

Grammatik: Perfekt mit Modalverben, Futur mit Modalverben

Sprechintention: Über Möglichkeiten und Notwendigkeiten in der Gegenwart und in der Zukunft sprechen

Niveau: 1-2-3-**4-5**

Dauer: 50 Minuten

Materialien: Für je zwei TN eine Kopie des Modelltextes (KV 10.2), eventuell KV 10.1 auf einer Folie für den OHP

Vorbereitung: Zerschneiden Sie die Kopien mit dem Modelltext so, dass auf jedem Papierstreifen jeweils eine Zeile des Textes steht.

A Thematische Einstimmung

„Weichenstellung"

1 Erzählen Sie den TN von einer wichtigen „Weichenstellung" in Ihrem bisherigen Leben, und erklären Sie auch, welche Konsequenzen diese Veränderung für Sie, Ihre Familie oder für Ihre engen Freunde hatte. Zum Beispiel:

> „Als ich neunzehn Jahre alt war, habe ich mein Studium begonnen. Ich habe meine Heimatstadt verlassen müssen und bin in die Hauptstadt gezogen. Und das brachte meiner kleinen Schwester einen Vorteil: Sie hat dadurch unser gemeinsames Zimmer allein bewohnen können. Meine Freunde im Sportverein allerdings haben jetzt auf mich verzichten müssen, da ich natürlich nicht mehr regelmäßig zum Training in meine Heimatstadt habe fahren können."

2 Beantworten Sie eventuelle Fragen, die die TN an Sie haben, und schreiben Sie dann die wichtigsten Informationen aus Ihrer Erzählung an die Tafel: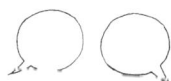

> *Mit 19 habe ich mein Studium begonnen.*
>
> *Meine Schwester hat unser Zimmer allein bewohnen können.*
>
> *Meine Freunde haben allein trainieren müssen.*

Sprachsensibilisierung (optional): Weisen Sie darauf hin, dass das Perfekt mit Modalverben mit dem Hilfsverb *haben* und mit zwei Infinitiven gebildet wird. Nur ganz selten, nämlich dann, wenn das Modalverb als Hauptverb verwendet wird, bildet man das Perfekt mit *haben* und dem Partizip II des Modalverbs (zum Beispiel: „Ich habe nicht gekonnt.")
Das Perfekt mit Modalverben wird im süddeutschen Sprachraum häufiger verwendet als im norddeutschen Sprachraum. Dort ist bei Modalverben das Präteritum üblicher.

3 Die TN sollen an die Zeitspanne zwischen ihrem 17. und 22. Lebensjahr zurückdenken und auf einem Blatt Papier drei wichtige Veränderungen in ihrem Leben in dieser Zeit aufschreiben. (Wenn Sie jüngere Schüler unterrichten, müssen Sie eine andere Zeitspanne angeben, z. B. Veränderungen im Alter von 5 bis 10 Jahren).

4 Für jede Veränderung schreiben die TN zusätzlich zwei Konsequenzen auf, die diese Veränderungen für sie und für ihre Verwandten oder nahen Bekannten gehabt haben.

5   Sammeln Sie die Blätter ein und verteilen Sie sie wieder, so dass alle TN ein fremdes Blatt bekommen.

6   Die TN stehen von ihren Plätzen auf und versuchen, den Verfasser ihres Textes zu finden, indem sie sich gegenseitig Fragen über die Informationen auf ihren Zetteln stellen.

7   Wenn der oder die gesuchte TN gefunden ist, werden weitere Informationen über die auf den Zetteln beschriebenen Lebensabschnitte ausgetauscht.

8   Die TN kehren auf ihre Plätze zurück. Jeder TN teilt im Plenum eine interessante Information über den Partner oder die Partnerin mit.

„Neue Perspektiven"

1   Die TN sollen Sätze bzw. Äußerungen bestimmten Situationen zuordnen. Präsentieren Sie den TN die folgenden Sätze am Tageslichtprojektor oder an der Tafel.

KV 10.1

„Überlegungen"

Ich werde alle Tageszeitungen lesen können.
Ich werde alle Stellenanzeigen lesen müssen.
Ich werde lang schlafen können.
Ich werde jede Woche aufs Arbeitsamt gehen müssen.
Wir werden unser Auto verkaufen müssen.
Ich werde besser aufpassen müssen.
Wir werden nach Italien fahren können.
Wir werden einen Nachhilfelehrer engagieren müssen.
Ich werde auch im Frühling in den Urlaub fahren können.
Ihr werdet mehr Hausarbeit machen müssen.
Wir werden in eine kleinere Wohnung ziehen müssen.
Ich werde auf meine Enkelkinder aufpassen können.
Ich werde billiger mit dem Autobus fahren können.

Sprachsensibilisierung (optional): Weisen Sie darauf hin, dass das Futur I mit Modalverben mit einer Form von *werden* + zwei Infinitiven gebildet wird.

2   Die TN sollen die Sätze mit den Überlegungen den folgenden Situationen zuordnen. Dabei sollen sie überlegen, wer wem gegenüber entsprechende Äußerungen machen könnte:

Situationen
Jemand geht in Pension.
Jemand verliert seinen Arbeitsplatz
Jemand bekommt in der Schule schlechte Noten.
Die Ferien beginnen.
Eine Beziehung geht kaputt.

3   In Dreiergruppen vergleichen die TN ihre Zuordnungen. Dabei sollen sie diskutieren, wer wohl seine Situation eher pessimistisch und wer seine Situation eher optimistisch sieht. Außerdem sollen die Gruppen andere Sätze formulieren, die für diese Situationen typisch sein könnten.

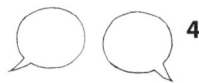

4   Fragen Sie, für welche Sätze mehrere Lösungen gefunden wurden, und diskutieren Sie diese Sätze im Plenum.

B Präsentation und Rekonstruktion des Modelltextes

1 Erklären Sie den TN, dass sie einen Text rekonstruieren sollen, der aus zwei Teilen besteht. Im ersten Textabschnitt spricht eine männliche Person, im zweiten Textabschnitt eine weibliche Person. Geben Sie den Titel: „Abschied" bekannt, und schreiben Sie zur Illustration folgendes an die Tafel:

Abschied

Er:

Sie:

2 Teilen Sie an jeweils zwei TN eine Kopie des zerschnittenen Modelltextes aus und fordern Sie sie auf, die Zeilen in die richtige Reihenfolge zu bringen.

3 Einige Zweiergruppen lesen ihre Lösungen als Dialog mit verteilten Rollen vor.

KV 10.2 MODELLTEXT

Abschied

Er:	Ich habe leider nicht kommen können,
	leider habe ich auch nicht anrufen können,
	und ich habe leider auch nicht schreiben können.
	Es war einfach zu viel zu tun.
Sie:	Es tut mir weh, dass du mich anlügst.
	Du hättest einmal ehrlich sein können.
	Nun gut: Wir haben nicht zueinander finden können.
	Ich werde nun wieder andere Freunde einladen können,
	ich werde mehr Zeit mit ihnen verbringen können,
	und ich werde wieder gut schlafen können,
	ohne auf deine Anrufe warten zu müssen.

4 Präsentieren Sie dann zur Kontrolle den Modelltext. Lassen Sie die TN darüber spekulieren, wie alt die zwei Personen sein könnten, wie sie aussehen und wie ihre Beziehung zueinander war und jetzt ist.

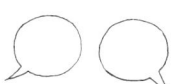

C Kreatives Schreiben

Die TN schreiben auf der Basis des Modelltextes eigene Texte.

VARIANTE

Sie können den Modelltext auch für weniger fortgeschrittene Klassen abwandeln. Im folgenden Beispiel sind die Übungsschwerpunkte Modalverben im Präteritum und im Präsens.

Abschied

Er:	*Ich konnte leider nicht kommen,*
	leider konnte ich dich auch nicht anrufen,
	und ich konnte leider auch nicht schreiben.
	Es war einfach zu viel zu tun.
Sie:	*Es tut mir weh, dass du mich anlügst.*
	Nun gut: Wir konnten nicht zueinander finden.
	Ich kann nun wieder andere Freunde einladen,
	ich kann mehr Zeit mit ihnen verbringen,
	und ich kann jetzt sicher wieder gut schlafen,
	weil ich nicht auf deine Anrufe warten muss.

*(Niveau: 1-**2**-**3**-4-5)*

TEXT EINES TN

*Also, du gehst wirklich nach
Europa, um zu studieren.
Du wirst andere Leute kennen lernen.
Die werden mit dir besser sprechen
können als ich. Und du wirst
mich leicht vergessen können.*

*Vielleicht wirst du es später
einmal verstehen können.
Ich werde nach Europa gehen
und werde dort studieren können,
aber ich werde dich nie
vergessen können.*

11 Ich wäre lieber …

Grammatik: „Ich wäre lieber … als … ", Konjunktiv II der Gegenwart, Nomen und Artikel

Sprechintention: Vorlieben ausdrücken

Niveau: 1-**2**-**3**-4-5

Dauer: 40 Minuten

Materialien: Einige Kopien des Modelltextes KV 11.1

A Thematische Einstimmung

Wortschatzarbeit

1 Bilden Sie Gruppen zu je drei oder vier TN.
2 Schreiben Sie folgende Wortpaare an die Tafel:

s Messer – e Schnur	r Apfel – r Wurm
e Fahne – r Mast	s Eis – e Tüte
s Wörterbuch – s Wort	r Lastwagen – r Igel
r Stern – r Himmel	

(Anmerkung: r=*der*, e=*die*, s=*das*. Die Nomen werden gemeinsam mit dem Genussignal präsentiert, da es dadurch vor allem visuellen Lerntypen leichter fällt, sich das Nomen gemeinsam mit dem Genus einzuprägen.)

3 Bitten Sie jede Gruppe, fünfzehn weitere Wortpaare in dieser Weise aufzuschreiben und eine Kopie dieser Liste anzufertigen.

4 Die TN sollen dann eine Liste an die nächste Gruppe weitergeben, so dass jede Gruppe schließlich zwei Listen hat (die eigene und die Liste der Nachbargruppe).

B Präsentation und Rekonstruktion des Modelltextes

1 Befestigen Sie einige Kopien des Modelltextes an den Wänden des Klassenzimmers.

KV 11.1 MODELLTEXT

Ich wäre lieber das Meer als ein Schiff.
Ich wäre lieber ein Drache als ein Jet.
Ich wäre lieber ein Pfad als eine Straße.
Ich wäre lieber eine Tasse als ein Teller.
Ich wäre lieber dies als das,
lieber die Liebe als der Hass.

2 Fordern Sie Ihre TN auf, sich den Text genau anzusehen und sich möglichst viel davon zu merken.

3 Die TN sollen dann zu ihren Tischen zurückkehren und jeder für sich die erste Zeile des Textes oder mehr aufschreiben. Dann gehen sie zum Text zurück und versuchen, den nächsten Textabschnitt auswendig zu lernen.

C Kreatives Schreiben

1 Fordern Sie die TN auf, in Gruppenarbeit eigene Texte zu schreiben und dabei die Wörter der beiden Wortlisten zu verwenden. Sie sollen sich dabei an die Textstruktur des Modelltextes halten.

2 Ein Gruppenmitglied präsentiert dann den Text der ganzen Klasse.

Variation

1 Schreiben Sie Folgendes an die Tafel:

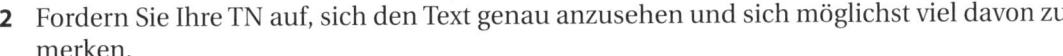
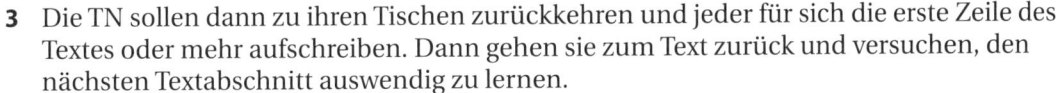

weich gegen hart / hell gegen dunkel

warm gegen kühl / heiß gegen kalt

einzeln gegen ganz / natürlich gegen künstlich

Geben Sie für jedes Gegensatzpaar ein oder zwei Beispiele an:

s Kissen – r Ziegel / e Sonne – e Nacht

r Sommer – r Winter / s Feuer – s Eis

e Blume – e Wiese / r Baum – s Haus

2 Bitten Sie die TN, einen weiteren Text zu schreiben und dabei entweder immer nur eine Gegensatzkategorie oder mehrere Gegensatzkategorien zu verwenden. Mit kreativeren Lernergruppen könnte man auch versuchen, einen humorvollen Text mit Reimen zu schreiben. Zum Beispiel:

Ich wäre lieber eine Welle als ein Schiff.
Ich wäre lieber ein Donner als ein Pfiff.
Ich wäre lieber ein Rock als eine Hose.
Ich wäre lieber eine Flasche als eine Dose.
Ich wäre lieber dies als das,
lieber die Liebe als der Hass.

VARIANTEN

Sie könnten auch folgende andere Strukturen mit dieser Unterrichtssequenz üben, wenn Sie den Modelltext ein wenig verändern:

VARIANTE 1: Indefiniter Artikel „kein"	*VARIANTE 2: Definiter Artikel, Negation mit „nicht"*
Eine Welle, doch kein Schiff.	*Die Welle schon, doch nicht das Schiff.*
Einen Donner, doch keinen Pfiff.	*Den Donner schon, doch nicht den Pfiff.*
Einen Rock, doch keine Hose.	*Die Bluse schon, doch nicht die Hose.*
Eine Flasche, doch keine Dose.	*Die Flasche schon, doch nicht die Dose.*
Das eine mag ich, mag ich sehr –	*Das eine mag ich, mag ich sehr –*
das andere zu mögen fällt mir schwer.	*das andere zu mögen fällt mir schwer.*
(Niveau: **1**-2-3-4-5)	*(Niveau:* 1-**2**-3-4-5)

12 Alles nur Ausreden

> **Grammatik:** Konjunktiv II der Gegenwart („würde gerne" + Infinitiv)
>
> **Sprechintentionen:** Wünsche ausdrücken
>
> **Niveau:** 1-**2**-3-4-5
>
> **Dauer:** 40 Minuten
>
> **Materialien:** Modelltext KV 12.1 auf einer Folie für den OHP oder die Sätze des Modelltextes auf einzelnen Papierstreifen.

A Thematische Einstimmung

1 Für viele Menschen gibt es Dinge im Leben, die sie gerne tun möchten, die sie sich aber nicht tun trauen oder aus anderen Gründen nicht tun. Sprechen Sie darüber mit den TN. Geben Sie einige persönliche Beispiele:

„Ich würde gerne einmal auf dem Geländer der Hauptbrücke balancieren, aber ich habe Angst, dass die Leute glauben, ich bin verrückt."

2 Fordern Sie die TN auf, zwei Dinge aufzuschreiben, die sie gerne einmal tun möchten.
3 Die TN sollen ihre Sätze vorlesen. Fragen Sie sie dabei, ob sie glauben, dass sie in Zukunft ihre Wünsche realisieren werden. Sammeln Sie gemeinsam mögliche Gründe dafür, dass sich viele Menschen ihre Wünsche nie erfüllen.

S p r a c h s e n s i b i l i s i e r u n g (optional): Weisen Sie darauf hin, dass der Konjunktiv II + *gerne* oft verwendet wird, um Wünsche auszudrücken.

B Präsentation und Rekonstruktion des Modelltextes

1 Präsentieren Sie den folgenden Text auf einer Folie am OHP. Decken Sie dabei den Text mit zwei Papierstreifen ab und zeigen Sie jede Zeile nur ganz kurz. Fordern Sie die TN dann auf, die Zeile niederzuschreiben.
Alternative: Wenn Sie keinen OHP zur Verfügung haben, schreiben Sie die Sätze des Modelltextes auf einzelne Papierstreifen und zeigen Sie diese ganz kurz.

2 Die TN sollen ihre Texte in Partnerarbeit vergleichen.

3 Lassen Sie einige TN ihre Texte vorlesen.

KV 12.1 MODELLTEXT

Ich würde sie gerne ansprechen,
ich würde gerne mit ihr tanzen,
ich würde ihr gerne ein Eis kaufen,
ich würde ihr gerne ein Freundschaftsarmband schenken,
ich würde sie gerne anrufen.
Aber heute habe ich soooooo viel zu tun.
Vielleicht mache ich es morgen
oder übermorgen.

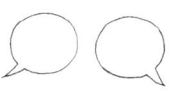

4 Sprechen Sie eventuell kurz mit den TN darüber, wer in diesem Text über wen spricht. Fordern Sie die TN auf, sich die Person vorzustellen, die in diesem Text spricht. Lassen Sie die TN diese Person genau beschreiben. Fragen Sie, was die wirklichen Gründe dafür sein könnten, dass diese Person das, was sie tun möchte, nicht tut.

C Kreatives Schreiben

1 Ihre TN sollen auf der Basis des Modelltextes in Einzel- oder Partnerarbeit eigene Texte schreiben.
Sie können als Hilfestellung folgende Struktur vorgeben:

Fr/Sie/Wir/Ihr würde/n gerne _____.
Er/Sie/Wir/Ihr würde/n gerne _____.
Er/Sie/Wir/Ihr würde/n gerne _____.
Er/Sie/Wir/Ihr würde/n gerne _____.
Er/Sie/Wir/Ihr würde/n gerne _____.
aber _____.
Vielleicht _____.

VARIANTEN

Wenn Sie den Modelltext und die Fragestellung für die „Thematische Einstimmung" ein wenig verändern, könnten Sie damit auch Konjunktiv II der Vergangenheit (eventuell mit Modalverb) oder das Präteritum von Modalverben üben.

VARIANTE 1: Konjunktiv II der Vergangenheit

Ich hätte sie so gerne angesprochen,
ich hätte so gerne mit ihr getanzt,
ich hätte ihr so gerne ein Eis gekauft,
ich hätte ihr so gerne ein Freundschaftsarmband geschenkt,
ich hätte sie so gerne angerufen.
Ich habe mich aber nie getraut, sie anzusprechen,
und ab morgen wohnt sie in einer anderen Stadt.

*(Niveau: 1-2-**3**-4-5)*

VARIANTE 2: Konjunktiv II der Vergangenheit mit Modalverb

Ich hätte sie einfach ansprechen sollen,
ich hätte mit ihr tanzen sollen,
ich hätte ihr ein Eis kaufen sollen,
ich hätte ihr ein Freundschaftsarmband schenken sollen,
ich hätte sie anrufen sollen.
Denn jetzt ist es zu spät,
ab morgen wohnt sie in einer anderen Stadt.

*(Niveau: 1-2-**3-4**-5)*

VARIANTE 3: Modalverb im Präteritum

Ich wollte sie ja ansprechen,
ich wollte ja mit ihr tanzen,
ich wollte ihr ja so gerne ein Eis kaufen,
ich wollte ihr ja ein Freundschaftsarmband schenken,
ich wollte sie ja anrufen.
Aber ich hatte soooooo viel zu tun.
Vielleicht mache ich es morgen
oder übermorgen.

*(Niveau: 1-**2**-3-4-5)*

TEXT EINES TN

Ich würde gerne viele Fremdsprachen lernen.
Ich würde gerne eine Reise nach Japan machen und dort ein Jahr bleiben.
Ich würde gerne nach Russland fahren, auch wenn es weit ist.
Ich würde gerne nach Grönland fahren und einen Eskimo kennen lernen.
Aber das alles ist leider nicht möglich. Ich mache das heute Nacht in meinem Traum.

13 Ich hätte gerne …

Grammatik: Konjunktiv II der Gegenwart, „Ich hätte gerne …",

Sprechintention: Wünsche äußern

Niveau: 1-2-**3**-4-5

Dauer: 40 Minuten

Materialien: Eventuell Textskelett (KV 13.1) auf einer Folie für den Tageslichtprojektor

A Thematische Einstimmung

1 Schreiben Sie „Ich hätte gerne …" an die Tafel. Formulieren Sie dann persönliche Wünsche und schreiben Sie diese als Beispielsätze darunter, etwa „Ich hätte gerne mehr Freizeit."

2 Bitten Sie nun die TN, an persönliche Wünsche zu denken, und sammeln Sie die Vorschläge an der Tafel.

3 Wenn Sie genügend Sätze gesammelt haben, schreiben Sie

Aber wenn ich es mir so recht überlege, dann hätte ich am liebsten …

an die Tafel und sammeln Sie mit Ihren TN auch dazu einige Beispielsätze.

Sprachsensibilisierung (optional): Machen Sie Ihren TN die unregelmäßigen Steigerungsstufen von *gerne (lieber – am liebsten)* bewusst.

B Präsentation und Rekonstruktion des Modelltextes

1 Präsentieren Sie den Modelltext am Tageslichtprojektor oder an der Tafel in Form eines Textskeletts (KV 13.1), bei dem nur die Anfangsbuchstaben jedes Wortes angegeben sind. Die TN sollen versuchen, den Text zu erraten. Helfen Sie dabei mittels Gestik und Mimik.

2 Lesen Sie dann den Text vor.

KV 12.1 TEXTSKELETT

I__ h____ g____ sch____ K_____.
I__ h____ g____ e____ S_____.
I__ h____ g____ e____ r_____ F_____.
I__ h____ g____ e__ t_____ H____.
I__ h____ g____ e__ S_____,
u___ i__ h____ g____ r_____ v___ G____ a__ d__ B___.
A___ w___ i__ e_ m__ s_ r____ ü_____,
h____ i__ a_ l_____ e___ w_____ g____ F_____.

KV 12.2 MODELLTEXT

Ich hätte gerne schöne Kleider.
Ich hätte gerne einen Sportwagen.
Ich hätte gerne einen riesigen Fernsehapparat.
Ich hätte gerne ein tolles Haus.
Ich hätte gerne ein Schwimmbad,
und ich hätte gerne riesig viel Geld auf der Bank.
Aber wenn ich es mir so recht überlege,
hätte ich am liebsten einen wirklich guten Freund.

C **Kreatives Schreiben**

Die TN schreiben auf der Basis des Modelltextes eigene Texte. Sie können als Hilfestellung den folgenden Lückentext an die Tafel schreiben:

Ich hätte gerne _____

Ich hätte gerne _____

Ich hätte gerne _____,

…

Aber wenn ich es mir so recht überlege,

hätte ich am liebsten _____

VARIANTE

Wenn Sie zusätzlich Adjektive in attributiver Verwendung üben möchten, können Sie dieselbe Übungssequenz auch mit dem folgenden Modelltext durchführen:

Ich hätte lieber rote Haare,
ich hätte lieber lange, schmale Hände,
ich hätte lieber kleine, süße Ohren,
ich hätte lieber schlanke Beine,
ich hätte lieber grüne Augen,
aber wenn ich es mir so recht überlege,
hätte ich am liebsten einen Freund,
der mir ständig sagt,
wie attraktiv er mich findet.

*(Niveau: 1-2-**3**-4-5)*

<u>TEXT EINES TN</u>

Ich hätte gerne zwei Pferde.
Ich hätte gerne ein Kamel.
Ich hätte gerne einen Esel.
Ich hätte gerne viele Huskyhunde.
Ich hätte gerne einen Elefanten.
Ich hätte gerne einen Vogel Strauß.
Ich hätte gerne einen Walfisch.
Aber wenn ich es mir so recht überlege,
hätte ich am liebsten ein Flugzeug.
Dann kann ich alle diese Tiere besuchen.

14 Wenn sie eine Farbe wäre, wäre sie Rosa

Grammatik: Konditionalsätze mit dem Konjunktiv II der Gegenwart, nominalisierte Verben, Genitiv und andere Attributkonstruktionen

Sprechintention: Eine irreale Bedingung ausdrücken

Niveau: 1-2-**3**-4-5

Dauer: 40 Minuten

Materialien: Kopien des Arbeitsblattes (KV 14.1) in Klassenstärke, eventuell der Modelltext (KV 14.2) auf einer Folie für den OHP, einige zweisprachige Wörterbücher

Vorbereitung: Schreiben Sie einen Text über eine Ihnen bekannte Person nach dem Muster des Modelltextes A.

A Thematische Einstimmung

Personenbeschreibung einmal anders

1 Beschreiben Sie das Aussehen und den Charakter einer Person, die Sie gut kennen.
2 Lesen Sie einen Text vor, der zu der Person passt, die Sie gerade beschrieben haben. Halten Sie sich dabei an die Struktur des folgenden Modelltextes.

MODELLTEXT A

Jemand, den ich mag

Wenn er eine Farbe wäre, wäre er Beige.
Wenn er ein Geräusch wäre, wäre er das Summen einer Biene.
Wenn er ein Geruch wäre, wäre er Regen an einem sonnigen Tag.
Wenn er ein Tier wäre, wäre er ein Bär,
und wenn er eine Speise wäre, wäre er eine saftige Lammkeule.

Wörter sammeln

1 Zeichnen Sie eine fünfspaltige Tabelle an die Tafel, in die Sie folgende Oberbegriffe und jeweils ein Beispiel dazu eintragen.

FARBEN	GERÄUSCHE	GERÜCHE	TIERE	SPEISEN
Himmelblau	das Läuten einer Glocke	Bratenfett	Nilpferd	Marzipan

2 Die TN sollen die Tabelle auf ein Blatt Papier übernehmen und zu jedem Oberbegriff mindestens vier Wörter in die Spalten eintragen. Geben Sie dafür sechs bis sieben Minuten Zeit. Ermuntern Sie die TN, zweisprachige Wörterbücher zu verwenden.

Sprachsensibilisierung (optional): Weisen Sie darauf hin, dass Geräusche meist durch nominalisierte, oft lautmalerische Verben ausgedrückt werden *(das Läuten, das Zischen, das Brummen, ...)*. Diese nominalisierten Verben sind immer Neutra und werden groß geschrieben.

3 Lassen Sie sich einige Wörter zurufen und schreiben Sie sie an die Tafel.

B Präsentation und Rekonstruktion des Modelltextes

1   Teilen Sie die Kopien des Arbeitsblattes aus.
2   Ihre TN sollen den Text richtig stellen, indem sie die unterstrichenen Satzteile untereinander vertauschen.
3   Lesen Sie anschließend die richtige Textversion vor oder präsentieren Sie den Modelltext
KV 14.2 an der Tafel bzw. am Tageslichtprojektor.

KV 14.1 ARBEITSBLATT

Jemand, den ich nicht ausstehen kann

Wenn er eine Farbe wäre, wäre er <u>eine Spinne.</u>
Wenn er ein Geräusch wäre, wäre er <u>Haferbrei.</u>
Wenn er ein Geruch wäre, wäre er <u>schmutziges Grau.</u>
Wenn er ein Tier wäre, wäre er <u>ein brennender Autoreifen.</u>
Und wenn er eine Speise wäre, wäre er <u>das Zischen einer Schlange.</u>

KV 14.2 MODELLTEXT

Jemand, den ich nicht ausstehen kann

Wenn er eine Farbe wäre, wäre er schmutziges Grau.
Wenn er ein Geräusch wäre, wäre er das Zischen einer Schlange.
Wenn er ein Geruch wäre, wäre er ein brennender Autoreifen.
Wenn er ein Tier wäre, wäre er eine Spinne.
Und wenn er eine Speise wäre, wäre er Haferbrei.

C Kreatives Schreiben

Die TN sollen jetzt eigene Texte schreiben, z. B. über einen guten Freund, über Verwand-
te, Bekannte oder Personen, die sie aus den Medien kennen. Dabei können sie sich aussuchen, ob sie über jemanden schreiben, den sie mögen, den sie nicht mögen, den sie
bewundern, den sie komisch finden usw. Sie sollen ihren Texten aber unbedingt Titel geben.

VARIANTE

*Wenn Sie den Modelltext ein bisschen verändern, können Sie damit auch uneingeleitete
Nebensätze üben.*

Wäre er eine Farbe, dann wäre er schmutziges Grau.
Wäre er ein Geräusch, dann wäre er das Zischen einer Schlange.
Wäre er ein Geruch, dann wäre er ein brennender Autoreifen.
Wäre er ein Tier, dann wäre er eine Spinne.
Und wäre er eine Speise, dann wäre er Haferbrei.

*(Niveau: 1-2-**3**-4-5)*

15 Es wäre gut, wenn …/Du solltest …

Grammatik: Konjunktiv II der Gegenwart

Sprechintention: Ratschläge geben

Niveau: 1-2-3-**4**-5

Dauer: 40 Minuten

Materialien: Eventuell den Lückentext (KV 15.1) auf einer Folie für den OHP

A Thematische Einstimmung

1 Schreiben Sie folgende Satzanfänge an die Tafel:

> *Du solltest …*
>
> *Es wäre gut, wenn du …*
>
> *An deiner Stelle würde ich …*

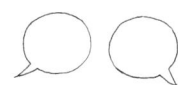

Bitten Sie die TN, die Sätze auf möglichst vielfältige Art mündlich zu ergänzen und zu erklären, an welche Situation sie dabei jeweils denken. Fragen Sie, wer den jeweiligen Satz zu wem sagt. Zum Beispiel:

TN:	„Du solltest das Rauchen aufgeben."
KL:	„Wer sagt das?"
TN:	„Ein Mädchen."
KL:	„Und zu wem?"
TN:	„Zu ihrem Freund."

Sprachsensibilisierung (optional): Weisen Sie darauf hin, dass der Konjunktiv II in diesem Fall verwendet wird, um Ratschläge zu geben. Die Konjunktivform von *sollen* ist identisch mit der Präteritumsform. Nur der Kontext gibt einen Hinweis darauf, ob „du solltest …" Konjunktiv II Präsens oder Indikativ Präteritum ist.

2 Bilden Sie Viierergruppen. Jeder TN soll mindestens drei Sätze aufschreiben, die mit den obigen Satzanfängen beginnen. Geben Sie dafür vier bis fünf Minuten Zeit. Die TN lesen ihre Sätze in der Gruppe vor, und die anderen TN versuchen, die Situation zu erraten.

3 Die Gruppen entscheiden, welche Situationen ihnen besonders typisch erscheinen, und berichten anschließend im Plenum von ihren Ergebnissen.

B Präsentation und Rekonstruktion des Modelltextes

Lückentext vervollständigen

1 Präsentieren Sie den Modelltext als Lückentext an der Tafel oder am Tageslichtprojektor.

KV 15.1 LÜCKENTEXT

„Du solltest d_____ m_____ a_____,
an deiner St_____ würde ich in d____ Sch_____ b_____ aufp_____.
Es wäre gut, wenn du w_____ ab und zu
d_____ Z_____ aufr_____ w_____.
Du solltest e_____ w_____ J_____ anz_____",
s_____ sie.
Ich w_____, sie m_____ e__ g___,
und trotzdem h_____ i___ n_____ a____ s___,
schon l_____ n_____ m_____.

2 Die TN versuchen, die fehlenden Wörter zu erraten, und rufen sie Ihnen zu. Helfen Sie ihnen durch Mimik und Gestik, geben Sie Synonyme oder das Gegenteil des gesuchten Wortes an, oder geben Sie grammatikalische Hinweise. Immer wenn ein TN Ihnen ein richtiges Wort zuruft, setzen Sie es in den Text ein.

3 Wenn der Modelltext komplett ist, lesen Sie ihn zum Abschluß noch einmal vor.

KV 15.2 MODELLTEXT

„Du solltest dich mehr anstrengen,
an deiner Stelle würde ich in der Schule besser aufpassen.
Es wäre gut, wenn du wenigstens ab und zu
dein Zimmer aufräumen würdest.
Du solltest eine wärmere Jacke anziehen",
sagen sie.
Ich weiß, sie meinen es gut,
und trotzdem höre ich nicht auf sie,
schon lange nicht mehr.

Text aus dem Gedächtnis aufsagen

Bitten Sie dann die TN, sich den Text genau einzuprägen. Geben Sie dafür eine Minute Zeit. Entfernen Sie dann die Folie bzw. löschen Sie den Text ab und lassen Sie einige TN den Text aus dem Gedächtnis wiederholen.

C Kreatives Schreiben

1 Die TN schreiben mit Hilfe des Textskelettes eigene Texte. Sie können das Textskelett je nach Niveau und Alter Ihrer Lernergruppe verändern.

„Du/Ihr solltest/et _____
an deiner/eurer Stelle _____
du/ihr solltest/et _____
es wäre gut, wenn du/ihr _____",
sagen/sagt _____.
Sie/er/ihr meint/en es gut,
und trotzdem _____.

2 Bitten Sie einige TN, ihre Texte vorzulesen. Die anderen Kursteilnehmer versuchen, die Situation, die der Text beschreibt, zu erraten.

VARIANTEN

Wenn Sie mit Erwachsenen arbeiten, können Sie folgenden Modelltext verwenden.

VARIANTE 1: Modelltext für erwachsene TN

„Sie sollten sich mehr anstrengen",
hat mein Chef zu mir gesagt.
„Es wäre gut, wenn Sie pünktlicher wären",
hat mein Chef zu mir gesagt.
„Sie sollten wenigstens ab und zu Ihren Kopf benutzen",
hat mein Chef zu mir gesagt.
„Sie sollten im Büro nicht schlafen",
hat mein Chef zu mir gesagt.
„Ich sollte Ihnen nicht soviel zahlen",
hat mein Chef zu mir gesagt.
„Ich werde mich bemühen",
habe ich zu ihm gesagt.
„Ich glaube, ich sollte kündigen",
habe ich gedacht.

Bei der Präsentation und Rekonstruktion des Modelltextes gehen Sie dann wie folgt vor:

1 Lesen Sie den Modelltext vor.
2 Lesen Sie den Text noch einmal und fordern Sie die TN auf, laut mitzulesen.
3 Bilden Sie zwei Gruppen. Lassen Sie die Gruppen abwechselnd jeweils eine Zeile lesen.
4 Lassen Sie dann einige TN den Text aus dem Gedächtnis aufsagen.

*(Niveau:1-2-3-**4**-5)*

Außerdem bieten sich folgende Abwandlungen des Modelltextes an.

VARIANTE 2: Imperativ

„Streng dich doch mehr an!
Pass in der Schule besser auf!
Zieh eine wärmere Jacke an!
Räum doch endlich dein Zimmer auf!"
Ich weiß, sie meinen es gut.
Doch ich höre einfach nicht mehr zu.
Warum wohl nicht?

*(Niveau:1-**2**-**3**-4-5)*

VARIANTE 3: Infinitivsätze

„Versuche doch, dich mehr anzustrengen.
Versuche doch, im Unterricht aufzupassen.
Versuche doch, rechtzeitig mitzulernen.
Versuche doch, ordentlicher zu sein."
Ich weiß, sie meinen es gut,
und trotzdem höre ich
schon lange nicht mehr auf sie.

*(Niveau: 1-2-**3**-4-5)*

VARIANTE 4: „müssen"

„Du musst dich mehr anstrengen!
Du musst besser aufpassen!
Du musst rechtzeitig mitlernen!
Du musst noch dein Zimmer aufräumen!"
Ich weiß, sie meinen es gut,
doch ich mag diese Sätze nicht mehr hören.

*(Niveau: 1-**2**-3-4-5)*

VARIANTE 5: Konjunktiv II Perfekt mit Modalverben

„Du hättest rechtzeitig mitlernen sollen!
Du hättest besser aufpassen sollen!
Du hättest nicht so oft den Unterricht schwänzen sollen!
Du hättest uns früher um Hilfe bitten sollen!"
Sie haben ja recht, aber jetzt
möchte ich ihre Ratschläge noch weniger
hören als vorher.

*(Niveau: 1-2-3-**4**-**5**)*

16 Kindheitsträume

Grammatik: Konditionalsätze mit dem Konjunktiv II der Gegenwart, Gegenüberstellung von Konjunktiv II und Präteritumsformen

Sprechintention: Eine irreale Bedingung ausdrücken

Niveau: 1-2-**3**-4-5

Dauer: 40 Minuten

Materialien: Für jeweils zwei TN eine Kopie einer Photographie mit einer Kinderdarstellung wie unten, für je vier TN eine Kopie des Modelltextes (KV 16.1)

Vorbereitung: Zerschneiden Sie die Kopien mit dem Modelltext, so dass auf jedem Papierstreifen jeweils eine Zeile steht.

A Thematische Einstimmung

Assoziationen zu einem Bild sammeln

1 Lassen Sie die TN in Partnerarbeit arbeiten. Geben Sie jedem Paar die Kopie eines Photos mit einem ähnlichen Bildinhalt wie im Beispiel unten.
2 Die TN sollen auf ein Blatt Papier so viele Wörter wie möglich notieren, die sie mit dem Bild assoziieren.

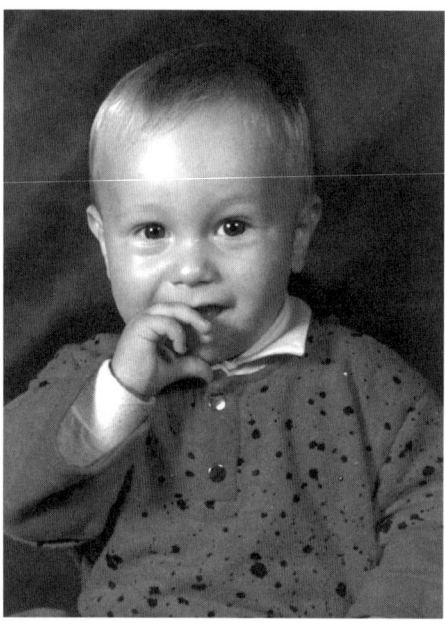

Wortfelder strukturieren

1 Fordern Sie die TN auf, Ihnen ihre Wörter zuzurufen. Schreiben Sie diese an die Tafel.
2 Löschen Sie die Wörter von der Tafel. Versuchen Sie, mit Hilfe Ihrer TN, alle Wörter noch einmal an die Tafel zu schreiben, diesmal aber in strukturierter Form. Verwenden Sie dafür zum Beispiel verschiedene Farben, um die Assoziationen Oberbegriffen zuzuordnen, oder die Technik des „Mind-Mapping" (siehe Seite 61). Lassen Sie die Assoziationen an der Tafel stehen. Sie können den TN als Hilfe während der Schreibphase dienen.

MINDMAP „KINDHEITSERINNERUNGEN"

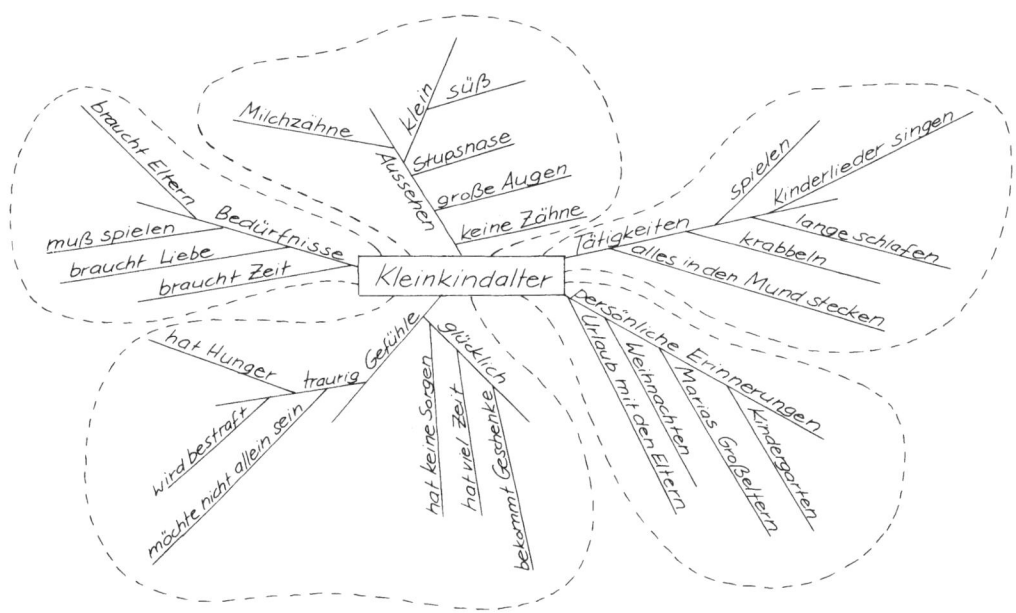

Sich erinnern

1 Erzählen Sie den TN zunächst von einem Kindheitstraum, den Sie hatten.
2 Geben Sie den TN folgende Redemittel vor.

Träume	
Letztes Jahr	
Vor drei Jahren	wollte ich unbedingt …
Vor fünf Jahren	träumte ich von …/davon, …zu …
vor zehn Jahren	war das mein Traum: …
Vor fünfzehn Jahren	
Vor zwanzig Jahren	

Fordern Sie die TN dann auf, sich an Träume zu erinnern, die sie zu den angegebenen Zeitpunkten hatten, und sich Schlüsselwörter zu diesen Träumen zu notieren. Natürlich müssen Sie die Liste dem Alter Ihrer TN anpassen.
3 Die TN sollen jetzt in kleinen Gruppen von ihren Träumen erzählen.

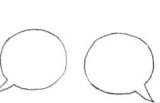

Alternativvorschlag
Die TN könnten auch von Kindheitsträumen anderer Personen berichten, wenn ihnen die Aufgabe zu persönlich erscheint:
1 Lassen Sie die TN fünf Namen von Personen aufschreiben, die sie sehr gut kennen.
2 Jeder TN schreibt für jede dieser Personen einen Jugend- oder Kindheitstraum auf. Dabei können auch Vermutungen über mögliche Träume dieser Personen angestellt werden. Zum Beispiel: „Ich glaube, XY wollte immer …"
3 In Dreiergruppen erzählen die TN über die Jugend- oder Kindheitsträume ihrer Bekannten.

B Präsentation und Rekonstruktion des Modelltextes

1 Lesen Sie den Modelltext zweimal vor.
2 Geben Sie den Gruppen jeweils eine Kopie des zerschnittenen Modelltextes. Die TN sollen die Zeilen in die richtige Reihenfolge bringen.

KV 16.1 MODELLTEXT

Wenn ich mehr Geld hätte,
könnte ich mir
ein Pferd und einen
Heißluftballon kaufen.
Wenn ich mehr Zeit hätte,
könnte ich mir
ein Baumhaus in der alten Eiche
neben unserem Haus bauen.
Wie schade,
dass ich nicht mehr Geld
und mehr Zeit habe.
Sollte ich einfach
glücklich sein
mit dem, was ist?

S p r a c h s e n s i b i l i s i e r u n g   (o p t i o n a l) : Machen Sie Ihre TN darauf aufmerksam, dass die Formen des Konjunktiv II der Gegenwart oft den Präteritumsformen ähnlich sind *(könnte – konnte, hätte – hatte)*, dass die Bedeutung dieser beiden Formen jedoch ganz unterschiedlich ist. Üben Sie mit den TN die Aussprache der beiden Formen mit Hilfe einiger Beispiele.

C Kreatives Schreiben

Ausgehend vom Modelltext sollen Ihre TN jetzt ihre eigenen Texte schreiben. Wenn Sie es für notwendig halten, können sie folgendes Textskelett an der Tafel vorgeben. Weisen Sie die TN darauf hin, dass sie beim Schreiben von dieser Struktur abweichen können:

Wenn _____,
könnte/n _____.
Wenn _____,
könnte/n _____.
Wie schade,
dass _____
und _____
_____?

Textaustausch

Sammeln Sie die Texte der TN ein und kleben Sie diese, vielleicht zusammen mit einigen Photos der TN oder mit Bildern, die sich auf die Texte beziehen, auf einen Bogen Packpapier, den Sie dann an die Wand hängen. Die TN gehen zu dieser „Textcollage" und lesen die Texte.

VARIANTE

Wenn Sie den Modelltext ein wenig verändern, könnten Sie damit auch den Konjunktiv II Perfekt mit oder ohne Modalverben üben:

Wenn ich mehr Geld gehabt hätte,   *Wie schade,*
hätte ich mir ein Pferd und einen   *dass ich nie*
Heißluftballon kaufen können/gekauft.   *genügend Zeit*
Wenn ich mehr Zeit gehabt hätte,   *und nie*
hätte ich mir ein Baumhaus in der alten Eiche   *genügend Geld hatte.*
neben unserem Haus bauen können/gebaut.   *Doch vielleicht hole ich alles noch nach.*

*(Niveau: 1-2-3-**4**-5)*

17 Was wollt ihr von mir?

Grammatik: Konditionalsätze mit dem Konjunktiv II der Gegenwart, die Verben *befehlen, verlangen, bitten* mit Infinitivsatz

Sprechintention: Spekulieren, irreale Bedingungen formulieren

Niveau: 1-2-3-4-**5**

Dauer: 40 bis 50 Minuten

Materialien: Evtl. Textskelett KV 17.2 auf einer Folie für den OHP

A Thematische Einstimmung

Sätze bilden

1 Schreiben Sie Konditionalsätze an die Tafel, in denen die Verben *befehlen, verlangen* und *bitten* vorkommen. Zum Beispiel:

> *Wenn mir jemand befehlen würde mein Zimmer aufzuräumen, würde ich ihn ignorieren. Wenn jemand von mir verlangen würde es zu tun, würde ich nicht einmal darüber nachdenken, aber wenn mich jemand darum bitten würde, würde ich vielleicht doch damit beginnen.*

Sprachsensibilisierung (optional): Erklären Sie kurz die Struktur und Funktion der Konditionalsätze sowie die Verwendung von Infinitivsätzen in Zusammenhang mit Verben, die eine persönliche Haltung, z. B. einen Wunsch, ein Gefühl oder eine Absicht ausdrücken („etwas von jemandem verlangen", „jemanden bitten", „jemandem befehlen" usw.).

2 Präsentieren Sie wie im folgenden Beispiel eine Liste mit einzelnen Stichwörtern und fordern Sie die TN auf, damit Sätze nach folgendem Muster zu bilden.

Wenn mich jemand, den ich gerne mag, auslachen würde, wäre ich sehr gekränkt.

mein Fahrrad stehlen	Haare abschneiden
beißen	zurückbeißen
bei der Hausübung helfen	froh sein
zu einer Party einladen	„Nein" sagen
bitten … Geld borgen	Geld borgen
einen Kuchen backen	Spaghetti kochen
verlangen … ruhig sein	laut die Türe zuschlagen
eine schlechte Note geben	böse sein
… auslachen	gekränkt sein

3 Sobald alle Sätze formuliert sind, entfernen Sie die Stichwörter. Fordern Sie einige TN auf, die Sätze, die ihnen am besten gefallen haben, aus dem Gedächtnis zu zitieren. Dabei dürfen einzelne Sätze ruhig mehrmals genannt werden.

4 Geben Sie danach ungefähr fünf Minuten Zeit, in denen alle TN drei Sätze aufschreiben sollen, die dieselbe Struktur aufweisen wie die Sätze oben.

5 Bitten Sie dann einige TN, ihre Sätze vorzulesen.

B Präsentation und Rekonstruktion des Modelltextes

Rekonstruktion aus dem Gedächtnis

1 Lesen Sie den Modelltext zweimal vor. Die TN sollen dabei keine Notizen machen.

2 Nach dem zweiten Vorlesen versuchen die TN, den Text in Einzelarbeit zu rekonstruieren.

3 In Partnerarbeit oder in Dreiergruppen vergleichen die TN ihre Notizen. Jedes Paar/jede Gruppe erstellt eine vollständige Version des Textes.

4 Lassen Sie sich jetzt einige Texte vorlesen. Wenn die Texte Ihrer TN Unterschiede zum Modelltext aufweisen, lesen Sie den Modelltext zur Kontrolle noch einmal vor.

KV 17.1 MODELLTEXT

Wenn sie mich bitten würden,
endlich meine Haare schneiden zu lassen,
würde ich sie noch länger wachsen lassen.
Wenn sie von mir verlangen würden,
mein Zimmer aufzuräumen,
würde ich das Chaos noch vergrößern.
Wenn Sie mir befehlen würden,
mehr zu lernen,
würde ich meine Bücher verbrennen.
Aber mein Problem ist,
dass sie mich in Ruhe lassen,
und ich hasse sie deswegen.

C Kreatives Schreiben

1 Präsentieren Sie das folgende Textskelett und fordern Sie die TN auf, eigene Texte zu schreiben. Statt „sie" bzw. „ich" können Ihre TN natürlich „er/sie/Sie" oder „wir" verwenden.

KV 17.2 TEXTSKELETT

Wenn sie mich bitten würden, _____
_____
Wenn sie von mir verlangen würden, _____
_____
Wenn sie mir befehlen würden, _____,
_____.
Aber mein Problem ist,
dass _____,
und _____.

2 Anschließend können Sie die Texte im Plenum präsentieren lassen.

VARIANTE

Wenn Sie mit Erwachsenen arbeiten, könnten Sie folgenden Modelltext verwenden:

Wenn sie von mir verlangen würde,
das Zigarettenrauchen aufzugeben,
würde ich anfangen,
Zigarren zu rauchen.
Wenn sie von mir verlangen würde,
beim Geschirrspülen zu helfen,
würde ich alle Teller zerbrechen.

Wenn sie von mir verlangen würde,
einkaufen zu gehen,
würde ich das ganze Geld im Gasthaus ausgeben.
Wenn sie von mir verlangen würde,
keine Kartoffelchips mehr zu essen,
würde ich mich damit vollstopfen.
Aber sie akzeptiert mich, wie ich bin,
und das macht mich fast wahnsinnig.

*(Niveau: 1-2-3-4-**5**)*

18 Wenn sie mich angesehen hätte …

Grammatik: Konditionalsätze mit dem Konjunktiv II der Vergangenheit

Sprechintentionen: Über Vergangenes spekulieren

Niveau: 1-2-3-4-**5**

Dauer: 50 Minuten

Materialien: Eventuell Kopien des Arbeitsblattes (KV 18.1) in Klassenstärke

A Thematische Einstimmung

Fragen verändern eine Geschichte

1 Schreiben Sie Folgendes an die Tafel:

> *Was wäre passiert, wenn … nicht … (Prinz/Dornröschen/küssen)?*
>
> *Was wäre passiert, wenn … (Prinz/Königin/statt Dornröschen/küssen)?*

2 Lassen Sie Ihre TN die Fragen ausformulieren und sammeln Sie mögliche Antworten.

> Sprachsensibilisierung (optional): Erklären Sie, dass der Konjunktiv II der Vergangenheit gebildet wird, indem die Hilfsverben *haben* oder *sein* der jeweiligen Perfektform in den Konjunktiv II gesetzt werden.

3 Teilen Sie den TN mit, dass Sie eine bekannte Geschichte (z. B. ein Märchen oder eine Sage) erzählen werden. Sagen Sie Ihren TN, dass sie Sie unterbrechen und Fragen zur Geschichte, allerdings im Konjunktiv II der Vergangenheit stellen sollen.

4 Erzählen Sie jetzt Ihre Geschichte, machen Sie öfter eine Pause, damit die TN ihre hypothetischen Fragen stellen können. Wenn die TN Sie nicht unterbrechen, ermuntern Sie sie auf irgendeine Art dazu (z. B. mit Gesten). Wenn eine Frage gestellt wird, beantworten Sie sie und verändern Sie dann Ihre Geschichte dementsprechend. Zum Beispiel:

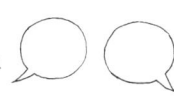

> TN: „Was wäre passiert, wenn Rotkäppchen durch das Fenster geschaut hätte, bevor es ins Haus der Großmutter ging?"
>
> KL: „Rotkäppchen hätte bemerkt, dass nicht die Großmutter im Bett lag, und wäre so schnell wie möglich zurück nach Hause gelaufen, um Hilfe zu holen."
>
> TN: „Was wäre passiert, wenn der Wolf bemerkt hätte, dass Rotkäppchen nach Hause lief?"
>
> KL: „Er wäre aus dem Haus gestürmt, um Rotkäppchen zu fangen…"

Geschichten erzählen

1 Bilden Sie Vierergruppen. Ein Gruppenmitglied soll eine Geschichte erzählen. Die Übung funktioniert besonders gut, wenn die TN allgemein bekannte Geschichten (Märchen, Sagen, Fabeln usw.) wählen. Sammeln Sie eventuell an der Tafel die Titel von einigen Märchen und Geschichten, die allen TN bekannt sind. Die anderen Gruppenmitglieder müssen die Erzählerin oder den Erzähler unterbrechen und jeweils Fragen im Konjunktiv II Perfekt stellen. Der Erzähler/die Erzählerin muss dann die Geschichte den Fragen entsprechend verändern.

2 Jeder TN sucht sich einen Partner aus einer anderen Gruppe und erzählt – falls seinem Gegenüber diese Geschichte noch nicht bekannt sein sollte – ganz kurz die Originalgeschichte, die Ausgangspunkt in seiner Gruppe war. Dann erzählt er die durch die Fragen der anderen TN veränderte Version der Geschichte.

B Präsentation und Rekonstruktion des Modelltextes

Ergänzungsübung

1 Teilen Sie das folgende Arbeitsblatt aus, oder schreiben Sie beide Texte mit den Wörtern im Kasten an die Tafel. Die TN sollen die zwei Texte mit Hilfe der angegebenen Wörter ergänzen.

T?XT SK? L?TT

KV 18.1 ARBEITSBLATT

Wenn ich ihr Rosen _____ hätte,
hätte sie mich _____.
Und wenn sie mich _____ hätte, hätte ich ihre Wange _____
Und wenn ich ihre Wange _____ hätte, wäre sie _____ _____
und wenn sie _____ _____ wäre, hätte ich ihr _____,
dass ihre Wangen die Farbe von Rosen haben.

Wenn sie mich _____ hätte,
wäre ich _____ _____.
Wenn sie mir _____ hätte,
hätte ich _____ _____ für sie _____.
Wenn sie mich darum _____ hätte,
hätte ich für sie ein Lied _____.
Wenn sie _____ hätte, hätte ich ein Gedicht _____.
Und wenn sie mich _____ hätte,
hätte ich „Ja" gesagt.

> geküsst – rot geworden – umarmt – angeschaut – gesagt – gekauft – rot geworden – gefragt – geschrieben – umarmt – gelächelt – geküsst – zugenickt – ein Bild gemalt – rot geworden – komponiert – gebeten

Anmerkung: Die Textrekonstruktion fällt den TN manchmal leichter, wenn Sie anfangs Hinweise zur Valenz der Verben im Kasten machen. Zum Beispiel: *küssen* + Akkusativ: „Sie küsst mich."

3 Bitten Sie einige TN, ihre Texte vorzulesen
4 Präsentieren Sie dann die kompletten Modelltexte.

KV 18.2 MODELLTEXTE

Wenn ich ihr Rosen gekauft hätte,
hätte sie mich umarmt.
Und wenn sie mich umarmt hätte,
hätte ich ihre Wange geküsst,
und wenn ich ihre Wange geküsst hätte,
wäre sie rot geworden,
und wenn sie rot geworden wäre, hätte ich ihr gesagt,
dass ihre Wangen die Farbe von Rosen haben.

Wenn sie mich angeschaut hätte,
wäre ich rot geworden.
Wenn sie mir zugenickt hätte,
hätte ich für sie ein Bild gemalt.
Wenn sie mich darum gebeten hätte,
hätte ich für sie ein Lied komponiert.
Wenn sie gelächelt hätte,
hätte ich ein Gedicht geschrieben,
und wenn sie mich gefragt hätte,
hätte ich „Ja" gesagt.

C Kreatives Schreiben

Ausgehend von der Struktur der Modelltexte schreiben die TN eigene Texte. Danach werden diese der ganzen Klasse präsentiert.

TEXT EINES TN

Wenn er eine Gitarre gehabt hätte,
hätte ich ihn darum gebeten,
ein Lied für mich zu spielen.
Wenn ich das Lied gehört hätte,
hätte ich zu singen angefangen.
Wenn ich zu singen angefangen hätte,
hätte er mit dem Gitarrespiel
aufgehört und hätte gesagt:
„Wenn du nicht eine so schreckliche
Stimme hättest,
hätte ich weitergespielt."
Gut, dass er keine Gitarre gehabt hat.

19 Als er über die Brücke lief ...

Grammatik: Nebensatz mit „als", Konjunktiv II der Vergangenheit

Sprechintentionen: Über Vergangenes erzählen, nicht realisierte Wünsche und Handlungen beschreiben

Niveau: 1-2-3-**4-5**

Dauer: 50 Minuten

Materialien: Textskelett (KV 19.1) auf einer Folie für den Tageslichtprojektor oder auf Packpapier, zwei Papierstreifen für jeden TN

A Thematische Einstimmung

Satzteile zusammenfügen

1   Schreiben Sie „Ich hätte ... am liebsten ..." und „Ich wäre ... am liebsten ..." an die Tafel und präsentieren Sie den TN verschiedene Möglichkeiten, die vorgegebenen Satzstrukturen zu ergänzen, etwa mit den Beispielen im Kasten. Berücksichtigen Sie dabei Wortschatz, den Sie vor kurzem unterrichtet haben.

> sich in einem Loch verstecken – ihm/ihr eine Ohrfeige geben – sich vollessen – sie/ihn umarmen – davonlaufen – „Nein" sagen – sich entschuldigen – mit ihm/ihr/ihnen mitgehen – ihm etwas zu trinken anbieten – lächeln – laut auflachen – ihm/ihr sagen: „Das ist das letzte Mal, dass ..."

2   Präsentieren Sie anschließend verschiedene Satzanfänge, indem Sie diese entweder diktieren, an die Tafel schreiben oder auf andere Art und Weise den TN zugänglich machen. Zum Beispiel:

Als er/sie das Gedicht vorlas, ...
Als er/sie mir diese dumme Frage stellte, ...
Als er/sie zu weinen aufhörte, ...
Als er/sie mich einen Idioten nannte, ...

3   Fordern Sie die TN auf, die Satzanfänge zu ergänzen, indem sie „... hätte ich am liebsten ..." bzw. „... wäre ich am liebsten ..." und eine Phrase aus dem Kästchen hinzufügen. Das kann in mündlicher oder schriftlicher Form geschehen.

Sprachsensibilisierung (optional): Weisen Sie darauf hin, dass der Konjunktiv II der Vergangenheit im Hauptsatz + *am liebsten* einen Wunsch ausdrückt, der aber nicht realisiert wurde.

Einen Lieblingssatz auswählen

1   Entfernen Sie alle Stichwörter vom OHP oder der Tafel.
2   Alle TN sollen aus dem Gedächtnis einen Satz wiederholen, der ihnen jeweils am besten gefallen hat. Dabei können einzelne Sätze durchaus öfter zitiert werden.

Eigene Sätze bilden

1 Die TN schreiben alle einen neuen Satz nach dem selben Muster auf zwei Papierstreifen und merken sich diesen Satz. Zum Beispiel:

Als sie mich bat, sie nicht mehr anzurufen,

hätte ich am liebsten mein Telefon an die Wand geschleudert.

2 Sammeln Sie jetzt zuerst die Papierstreifen ein, die mit „Als…" beginnen, und danach die Papierstreifen, die mit „hätte/wäre…" beginnen, so dass Sie zwei Stapel erhalten.

3 Teilen Sie dann die Papierstreifen wieder aus, an alle TN je einen Streifen von jedem Stapel. Achten Sie darauf, dass niemand einen seiner ursprünglichen Papierstreifen erhält.

4 Die TN lesen jetzt nach der Reihe die Papierstreifen vor, die mit „Als …" beginnen. Die anderen schlagen mögliche Fortsetzungen vor. Wenn niemand das ursprüngliche Satzende vorschlägt, sagt der TN, der den Satz geschrieben hat, den ursprünglichen Satz.

B Präsentation und Rekonstruktion des Modelltextes

1 Präsentieren Sie den Modelltext in Form eines Textskeletts, bei dem nur der erste Buchstabe jedes Wortes angegeben wird.

KV 19.1 TEXTSKELETT

```
A___ e_ a_ M_____ v_____,
h____ e_ s___ a_ l_____ i_ d_ B_____ g_____.
A__ e_ d___ b__ d_ k_____ T___ i_ S_____ w__,
w____ e_ a_ l_____ z_ d_ S_____ i_ W_____ g_____
u__ a__ e_ s_____ ü__ d_ B_____ l__,
w____ e_ a_ l_____ i_ d_ F___ g_____.
A__ e_ d__ a__ d__ i_ Z___ k__, w___ e_,
d__ e_ b_ d_____ ___ i_ S_____
a_ k_____ S_____ m__ t_____ ____ w___.
```

2 Die TN sollen den Text mit Hilfe der Anfangsbuchstaben erraten. Helfen Sie dabei mittels Mimik und Gestik, oder indem Sie Synonyme, Oppositionen, einzelne Buchstaben usw. angeben.

3 Nachdem Sie den Text gemeinsam rekonstruiert haben, fordern Sie die TN auf, die Augen zu schließen. Lesen Sie zum Abschluss den Text noch einmal vor.

KV 19.2 MODELLTEXT

Als er am Marktplatz vorbeikam,
hätte er sich am liebsten in den Brunnen gesetzt.
Als er dann bei dem kleinen Teich im Stadtpark war,
wäre er am liebsten zu den Schwänen ins Wasser gestiegen,
und als er schließlich über die Brücke lief,
wäre er am liebsten in den Fluss gesprungen.
Als er dann aber doch ins Ziel kam, wusste er,
dass er bei 30 Grad im Schatten
an keinem Stadtmarathon mehr teilnehmen würde.

C Kreatives Schreiben

Die TN schreiben ihre eigenen Texte. Sie könnten als Textimpuls folgende Struktur an der Tafel vorgeben:

Als _____,
hätte/wäre _____am liebsten _____,
Als _____,
hätte/wäre _____ am liebsten _____.
Aber als _____,
_____.

VARIANTEN

Wenn Sie den folgenden alternativen Modelltext verwenden und die Sätze in der einleitenden Übung ein wenig verändern, können Sie mit dieser Unterrichtseinheit auch „würde … am liebsten …" und Nebensätze mit „immer wenn…" üben:

Immer wenn ich an der Eisdiele vorbeikomme,
würde ich am liebsten ein Rieseneis kaufen.
Immer wenn ich an der Bäckerei vorbeikomme,
würde ich mir am liebsten fünf Semmeln kaufen.
Immer wenn ich am Würstelstand vorbeikomme,
würde ich mir am liebsten ein „Superhotdog" kaufen.
Und immer wenn ich an der Konditorei vorbeikomme,
würde ich am liebsten mein ganzes Taschengeld für Trüffelschokolade ausgeben.
Aber in zwei Wochen beginnt die Badesaison,
und bis dahin muss ich noch mindestens drei Kilo abnehmen.

*(Niveau: 1-2-**3**-4-5)*

TEXT EINES TN

Als ich diesen Bescheid von der Behörde bekam,
hätte ich ihn so gerne verstanden.
Als ich keinen Übersetzer fand,
hätte ich am liebsten geweint.
Als meine österreichische Freundin
mir schließlich den Bescheid erklärte,
hätte ich sie am liebsten geküsst.

20 Lügen, nichts als Lügen

> **Grammatik:** Konjunktiv I in der indirekten Rede
>
> **Sprechintention:** Berichten, was jemand gesagt hat
>
> **Niveau:** 1-2-3-**4-5**
>
> **Dauer:** 50 Minuten
>
> **Materialien:** Einige Kopien des Modelltextes KV 20.1

A Thematische Einstimmung

Lügen entdecken

Schreiben Sie einige wahre und einige falsche Sätze über sich an die Tafel, zum Beispiel:

Meine Großmutter wurde in Polen geboren.

Als ich ein Kind war, hielten wir in unserem Keller Hühner.

Ich habe einmal auf einem Tandem eine Radtour durch Österreich unternommen.

Meine Lieblingssendung im Fernsehen ist „Das verrückte Krankenhaus".

Ich hasse Spinat.

Lassen Sie die TN raten, ob diese Aussagen zutreffen oder nicht. Wenn die TN richtig tippen, erhalten sie einen Bonuspunkt, wenn sie falsch tippen, wird Ihnen ein Bonuspunkt gutgeschrieben. Wenn sich die Gruppe nicht entscheiden kann, ob eine Aussage falsch oder richtig ist, lassen Sie abstimmen.

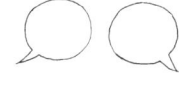

Hast du richtig geraten?

1 Die TN suchen sich eine Partnerin oder einen Partner, den sie noch nicht sehr gut kennen.
2 Beide schreiben fünf Sätze über sich selbst auf, die sie sich dann gegenseitig diktieren. Der Partner muss raten, ob die Aussage der Wahrheit entspricht oder eine Lüge ist. Für jeden erfolgreichen Rateversuch erhält man einen Punkt. Zum Beispiel:

TN 1: „Als Kind hatten wir eine Katze als Haustier."
TN 2: „Stimmt."
TN 1: „Nein, gelogen. Ich wollte immer ein Haustier haben, aber meine Eltern erlaubten es mir nicht."
(Kein Punkt für TN 2)

3 Bilden Sie jetzt einen Sitzkreis. Die TN geben ihr jeweiliges Punkteergebnis bekannt und erzählen ein Beispiel, bei dem sie falsch geraten haben. Als Hilfestellung könnten Sie folgende Redemittel an die Tafel schreiben:

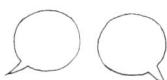

Janos/Maria hat gesagt, er/sie habe/sei/(Konjunktiv I) …
Ich habe gedacht, dass das gelogen war (sei), aber es war (ist) wahr.
Ich habe gedacht, dass das eine Lüge war (sei), aber es war (ist) wirklich so.

Sprachsensibilisierung (optional): Erklären Sie, dass man im Deutschen manchmal den Konjunktiv I oder II verwendet, wenn man berichtet, was jemand gesagt hat. Man benutzt die Konjunktivformen sehr oft dann, wenn man sich vom Gesagten distanzieren will, oder wenn man die Wahrheit des Gesagten bezweifelt. Der Konjunktiv II kann immer verwendet werden; der Konjunktiv I wird nur dann verwendet, wenn sich die Konjunktiv- von den Indikativformen unterscheiden (bei *sein,* in der 3. Person Singular und manchmal in der 2. Person Singular und Plural). Erklären Sie eventuell auch die Bildung des Konjunktiv I.

B Präsentation und Rekonstruktion des Modelltextes

1   Befestigen Sie drei bis sechs Kopien des Modelltextes KV 20.1 an den Wänden des Kursraumes. Es sollte mindestens eine Kopie für jeweils drei bis vier TN zur Verfügung stehen. Die TN sollen den Text auf ein Blatt Papier schreiben, das aber auf ihren Tischen liegen bleiben muss. Da die Texte an den Wänden nicht groß geschrieben sind, müssen die TN von ihren Plätzen aufstehen, zur Wand gehen, dort einen Teil des Textes lesen, zu ihren Plätzen zurückgehen, aufschreiben, was sie sich gemerkt haben, dann zum Text zurückgehen, um ein Stück weiterzulesen, usw.

2   Sobald die TN fertig sind, lesen Sie den Text vor. Die TN kontrollieren dabei ihre Textversion. Gehen Sie während des Lesens durch den Kursraum und vergewissern Sie sich, dass alle TN eine korrekte Kopie des Textes produzieren.

KV 20.1 MODELLTEXT

Er erzählte uns,
er habe einen Onkel in Japan.
Und er sagte,
sie hätten ihre Ferien gemeinsam in Hawaii verbracht.
Er fügte hinzu,
sein Vater habe einen Porsche gekauft
und sie hätten ein Haus,
das so groß wie das Schulgebäude sei.
Aber dann fanden wir heraus,
dass er nichts Besonderes war,
außer ein besonders guter Lügner.

C Kreatives Schreiben

Die TN schreiben eigene Texte und halten sich dabei an die Struktur des Modelltextes. Danach werden die Texte im Plenum präsentiert.

„Lügen haben kurze Beine"

1   Erzählen Sie den TN eine Geschichte, in der Sie oder jemand anders gelogen und dies danach bereut hat.

2   Schreiben Sie Schlüsselwörter aus der Geschichte an die Tafel.

3   Geben Sie den TN einige Minuten Zeit, in denen sie an eine Geschichte denken sollen, in der jemand gelogen hat. Es ist egal, ob sie diese Geschichte selbst erlebt, davon gehört, darüber gelesen oder sie in einem Film gesehen haben.

4   Die TN sollen sich zu ihrer Geschichte ebenfalls einige Schlüsselwörter notieren.

5   Fragen Sie einen TN nach seinen Schlüsselwörtern, schreiben Sie diese an die Tafel und fordern Sie die anderen auf, in Einzel- oder Gruppenarbeit zu den Schlüsselwörtern eine Geschichte zu erfinden.

6   Lassen Sie einige erfundene Geschichten vorlesen. Der TN, von dem die Schlüsselwörter stammen, soll seine Geschichte ausformulieren. Vergleichen Sie abschließend die erfundenen Geschichten mit der Originalversion.

VARIANTE

Wenn Sie mit Erwachsenen arbeiten, könnten Sie folgenden Modelltext verwenden.

Mein neuer Bekannter erzählte mir,
sein Hobby sei Fallschirmspringen.
Er sagte, er gehe wenigstens einmal in der Woche ins Theater.
Er fügte hinzu, er habe in einem Orchester gespielt,
und er erwähnte so nebenbei, er habe schon die ganze Welt bereist.
Aber er hat vergessen, mir zu erzählen,
dass all das nur in seiner Phantasie passiert ist.

*(Niveau: 1-2-3-**4-5**)*

21 Was für ein Tag!

Grammatik: Passiv Präteritum

Sprechintention: Erzählen, was passiert ist

Niveau: 1-**2-3**-4-5

Dauer: 40 bis 50 Minuten

Materialien: Bilderrätsel KV 21.1 und Textskelett KV 21.3 auf einer Folie für den OHP oder auf einem Packpapierbogen, eventuell Modelltext KV 21.2 auf einer Folie für den OHP

Vorbereitung: Kopieren oder zeichnen bzw. schreiben Sie das Bilderrätsel sowie den Skeletttext auf zwei Folien für den OHP oder auf zwei große Packpapierbögen.

B Präsentation und Rekonstruktion des Modelltextes

KV 21.1 BILDERRÄTSEL

1 Präsentieren Sie das Bilderrätsel.

2 Warten Sie eine oder zwei Minuten und lassen Sie sich dann einzelne Wörter von Ihren TN zurufen. Wenn ein Wort richtig erraten wird, zeigen Sie auf das betreffende Bild oder den betreffenden Buchstaben und nicken Sie zustimmend.

3 Zeigen Sie dann auf die erste Zeile des Bilderrätsels. Lassen Sie die TN die erste Zeile des Textes rekonstruieren und schreiben Sie diese an die Tafel. Fahren Sie fort, bis der komplette Modelltext an der Tafel steht.

KV 21.2 MODELLTEXT

Mein Biologielehrer wurde von einer Katze gebissen.
Mein Bruder wurde von einem Vampir geküsst.
Mein Hund wurde von einem Adler entführt.
Mein Freund wurde von einem Dreirad überfahren.
Mein Hamster wurde von einer Schlange gefressen
und ich wurde von meiner Mutter beobachtet,
als ich meine Suppe aus dem Küchenfenster schüttete.
Was für ein Tag!

Sprachsensibilisierung (optional): Erklären Sie, wie das Passiv Präteritum im Deutschen gebildet wird. Weisen Sie darauf hin, dass das Passiv immer dann verwendet wird, wenn für den Sprecher besonders wichtig ist, was gerade passiert oder passiert ist, und es nicht so wichtig ist, wer etwas tut oder getan hat.

Textrekonstruktion I

1 Wenn Sie das Bilderrätsel mit der Klasse erarbeitet haben, lassen Sie den Text noch eine Weile an der Tafel stehen bzw. zeigen Sie den Modelltext am OHP (KV 21.2). Fordern Sie Ihre TN auf, den Modelltext einzuüben, indem sie ihn halblaut vor sich hin sprechen. Nach ein paar Minuten entfernen Sie dann den Modelltext oder schalten den OHP aus.

2 Zeigen Sie nochmals das Bilderrätsel. In Partnerarbeit sollen nun die TN den Modelltext aufschreiben.

3 Bitten Sie einen TN, an die Tafel zu kommen. Fordern Sie die anderen TN auf, ihm den Text zu diktieren. Unterbrechen Sie nicht, auch wenn sich der diktierte Text vom Original unterscheidet.

T?XT
SK?
L?TT

4 Präsentieren Sie anschließend das Textskelett KV 21.3. Die TN sollen – wieder in Partnerarbeit – ihre Texte mit dem Text an der Tafel und dem Textskelett vergleichen. Fordern Sie sie auf, ihre Texte zu ergänzen und zu korrigieren. Geben Sie dafür drei Minuten Zeit.

5 Präsentieren Sie noch einmal den kompletten Modelltext, damit die TN ihre Texte abschließend überprüfen können.

21.3 TEXTSKELETT

M_ _ _ B_ _ _ _ _ _ _ _ _ _ _ _ _ _ _ _w_ _ _ _v _ _ e_ _ _ _ K_ _ _ _
g_ _ _ _ _ _ _.
M_ _ _ B_ _ _ _ _ w_ _ _ _ v _ _ e_ _ _ _ V_ _ _ _ _ g_ _ _ _ _.
M_ _ H_ _ _ w_ _ _ _ v _ _ e_ _ _ _ A_ _ _ _ e_ _ _ _ _ _ _.
M_ _ _ F_ _ _ _ _ w_ _ _ _ v _ _ e _ _ _ _ D_ _ _ _ _ _
ü_ _ _ _ _ _ _ _.
M_ _ _ H_ _ _ _ _ _ w_ _ _ _ v _ _ e _ _ _ _ S_ _ _ _ _ _ _ g_ _ _ _ _ _ _ _
u_ _ i_ _ w_ _ _ _ v _ _ m_ _ _ _ _ M_ _ _ _ b_ _ _ _ _ _ _ _ _ ,a _ _ i _ _
m_ _ _ _ T_ _ _ _ _ _ _ _ _ a _ _ d _ _ K_ _ _ _ _ _ _ _ _ _ _ s_ _ _ _ _ _ _.
W_ _ f _ _ e _ _ T _ _!

Textrekonstruktion II

Bitten Sie die TN, ihre Texte mit der beschriebenen Seite nach unten vor sich auf den Tisch zu legen. Präsentieren Sie das Textskelett. Lassen Sie den Text von den TN im Chor rekonstruieren. „Dirigieren" Sie diese Textrekonstruktion, indem Sie im Lesetempo mit einem Stift über die Zeilen fahren.

T?XT
SK?
L?TT

Textrekonstruktion III

Schalten Sie den OHP aus oder entfernen Sie den Packpapierbogen mit dem Textskelett. Lassen Sie den Text noch einmal im Chor sprechen.

C Kreatives Schreiben

Ihre TN verfassen jetzt eigene Texte auf der Basis des Modelltextes. Geben Sie dafür ungefähr zehn Minuten Zeit.

Sprachsensibilisierung (optional): Manchmal bilden die TN Passivsätze mit Verben, die kein Passiv bilden können, z.B.: „Ein Unfall wurde von mir gehabt." Erklären Sie Ihren TN dann, dass nicht alle deutsche Verben das Passiv bilden können. In fortgeschrittenen Gruppen könnten Sie den TN eine genauere Erklärung geben, zum Beispiel: Die meisten Verben mit Akkusativergänzung können ein Passiv bilden. Reflexive Verben aber und Verben, die keine bewusste Aktivität ausdrücken *(sein, haben, werden, gefallen, gehören* usw.), können kein Passiv bilden. Viele Verben ohne Akkusativergänzung können nur ein „unpersönliches Passiv", das heißt ein Passiv ohne Subjekt oder ein Passiv mit dem Ersatzsubjekt *es* bilden. Zum Beispiel: *In der Schule wurde hart gearbeitet.* (Siehe Einheit 22 „Es wurde viel gelacht", ab Seite 76.)

Übung für zu Hause

Nachdem Sie die Texte korrigiert haben, fordern Sie die TN auf, als Hausarbeit ein Bilderrätsel eines neuen Textes zu zeichnen. In der nächsten Unterrichtseinheit können die TN dann ihre Bilderrätsel untereinander austauschen und lösen. Die Bilderrätsel können natürlich auch anderweitig als Übungsmaterial verwendet werden (gemeinsame Rekonstruktion einiger Texte usw.).

VARIANTE

Wenn Sie mit Erwachsenen arbeiten, können Sie Variante 1 einsetzen. Mit Variante 2 können Sie das Passiv Perfekt üben, das im mündlichen Sprachgebrauch vor allem im süddeutschen Raum häufig verwendet wird.

VARIANTE 1: Für erwachsene Lerner

Mein Sohn wurde von einem Hund gebissen.
Mein Auto wurde von der Polizei abgeschleppt.
Mein neues Computerprogramm wurde von einem Virus zerstört.
Mein Papagei wurde von einer Katze gefressen.
Mein neuer Anzug wurde in der Reinigung beschädigt.
Und ich wurde von meinem Chef angebrüllt, als ich zu spät zur Arbeit kam.
Was für ein Tag!

*(Niveau: 1-**2-3**-4-5)*

VARIANTE 2: Passiv Perfekt

Mein Biologielehrer ist von einer Katze gebissen worden.
Mein Bruder ist von einem Vampir geküsst worden.
Mein Hund ist von einem Adler entführt worden.
Mein Freund ist von einem Dreirad überfahren worden.
Mein Hamster ist von einer Schlange gefressen worden,
und ich bin von meiner Mutter beobachtet worden, als ich meine Suppe aus dem Küchenfenster geschüttet habe.
Was für ein Tag!

*(Niveau:1-2-**3**-4-5)*

22 Es wurde viel gelacht

Grammatik: Passiv Präteritum mit unpersönlichem *es*, Funktion und Position des unpersönlichen *es* im Satz

Sprechintention: Über Vergangenes berichten

Niveau: 1-2-3-**4**-5

Dauer: 40 Minuten

Materialien: Keine

A Thematische Einstimmung

Situationen erraten

1 Präsentieren Sie an der Tafel oder am Tageslichtprojektor drei Tätigkeiten oder Aktivitäten, die für eine bestimmte Situation beziehungsweise einen bestimmten Ort charakteristisch sind. Präsentieren Sie die Verben im Passiv Präsens, wenn nötig mit unpersönlichem *es*. Zum Beispiel:

Es wird telefoniert.
Es wird geschrieben.
Kaffee wird getrunken.

Sprachsensibilisierung (optional): Erklären Sie, dass das unpersönliche *es* in diesem Fall nur ein Platzhalter für das Subjekt ist und wegfällt, wenn ein anderes Satzglied an erster Stelle im Satz steht, z. B. *Es wird ununterbrochen telefoniert. – Ununterbrochen wird telefoniert.*

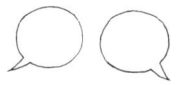

2 Lassen Sie die TN darüber spekulieren, zu welcher Situation diese Tätigkeiten passen könnten. Präsentieren Sie dann weitere Aktivitäten, die die Situation noch genauer beschreiben.

Es wird diktiert.
Kunden werden beraten.
Prospekte werden verteilt.

3 Die TN finden ihre Vermutungen bestätigt oder korrigieren sie. Präsentieren Sie dann noch einmal drei Tätigkeiten, die keinen Zweifel mehr daran lassen, um welche Situation bzw. um welchen Ort es sich handelt. (Die gesuchte Lösung ist in diesem Fall „Reisebüro".)

Ferienwohnungen werden angeboten.
Flugtickets werden verkauft.
Reisen werden gebucht.

Situationen beschreiben

1 Bilden Sie Gruppen zu je drei TN.
2 Geben Sie jeder Gruppe eine bestimmte Situation beziehungsweise einen bestimmten Ort vor, z.B. „Campingplatz", „Kirche", „Parlament", „Stadtpark", „Schule", „Küche", „Hochzeit". Die TN sollen schriftlich möglichst viele Tätigkeiten sammeln, die für diese Situation oder diesen Ort charakteristisch sind, und Sätze im Passiv bilden. Fordern Sie die TN auf, dabei Wörterbücher zu benutzen.

3 Wenn die TN fertig sind, liest ein Gruppenmitglied die Liste mit den Tätigkeiten vor.
4 Unterbrechen Sie nach jeweils drei Aktivitäten und fordern Sie die anderen TN auf, die Situation zu erraten.

B Präsentation und Rekonstruktion des Modelltextes

1 Lesen Sie den Modelltext einmal vor.
2 Fordern Sie die TN auf, den Text in Dreiergruppen aufzuschreiben. Dabei darf jeweils ein TN aus jeder Gruppe zu Ihnen kommen und sich den Text einmal durchlesen. Dann kehrt er zu seiner Gruppe zurück und hilft den anderen bei der Textrekonstruktion.
4 Einige TN lesen ihre Texte vor.

KV 22.1 MODELLTEXT

Es wurde viel gelacht,
es wurde viel getanzt,
es wurde viel geredet,
es wurde viel gestritten,
es wurde viel gegessen,
viel getrunken, geraucht und gehustet.
Beim Abschied wurden wir von allen umarmt
und geküsst.
Und nun wird bis zum Morgengrauen aufgeräumt.
Immer wieder sage ich:
„Von Parties habe ich jetzt für mindestens ein Jahr genug."
Aber wenn die ersten Freunde am nächsten Samstag anläuten,
dann …
Ja, was bleibt uns schon übrig?

C Kreatives Schreiben

Die TN schreiben eigene Texte auf der Basis des Modelltextes.

VARIANTE

Wenn Sie den Modelltext ein wenig verändern, können Sie in einer weniger fortgeschrittenen Gruppe damit die Verwendung von man *üben.*

Sätze mit „man"

Man tanzt,
Man lacht,
man redet,
man streitet,
man isst,
man trinkt,
man raucht und hustet.
Schließlich verabschiedet man sich,
umarmt den Gastgeber und denkt:
„Eine Party wie die ist genug für ein Jahr."
Wenn aber ein Freund am nächsten Samstag zur nächsten Party einlädt,
kann man da nein sagen?

*(Niveau: 1-**2**-3-4-5)*

<u>TEXT EINES TN</u>

Es wurde viel gesprochen.
Es wurde viel gehört.
Es wurde viel geschrieben.
Es wurde viel gelesen.
Es wurde viel gelernt.
Aber jetzt am Ende des Kurses
wird vor der Prüfung gezittert.
Immer frage ich mich:
Kann ich es schaffen?
Aber, wenn ich es nicht schaffen kann,
was werde ich meinen Eltern sagen?

23 Bitte nicht vergessen!

Grammatik: Passiv mit Modalverb *müssen*

Sprechintention: Notwendigkeiten ausdrücken

Niveau: 1-2-**3**-4-5

Dauer: Zwei Einheiten zu je 40 Minuten

Materialien: Kärtchen aus der KV 23.1, Kopien des Arbeitsblattes KV 23.2 in Klassenstärke

Erste Unterrichtseinheit

A Thematische Einstimmung

Verbphrasen sammeln

1 Schreiben Sie „Hemden bügeln" an die Tafel. Fragen Sie die TN, was man unmittelbar davor und was man unmittelbar danach tun muss. Sammeln Sie die Vorschläge und schreiben Sie die Tätigkeiten gemäß ihres chronologischen Ablaufs über bzw. unter die Ausgangsphrase. Zum Beispiel:

das Bügeleisen anstecken

Hemden bügeln

die Hemden zusammenlegen

2 Sammeln Sie so viele Vorschläge, bis mindestens drei Formulierungen über und drei Formulierungen unter der Ausgangsverbphrase an der Tafel stehen.

3 Bilden Sie nun Gruppen mit jeweils drei bis vier TN.

4 Geben Sie allen TN je ein Kärtchen mit einer der folgenden Verbphrasen.

KV 23.1 VERBPHRASEN

Salat pflanzen	einen Fahrradreifen aufpumpen	den Verdächtigen verhaften
Flugtickets bezahlen	vom Zehnmeterbrett springen	Vokabeln lernen
Nachtisch bestellen	einen Scheck unterschreiben	eine Prüfung ablegen
ins Tor schießen	um den nächsten Tanz bitten	den Wecker stellen
die Suppe salzen	eine Gutenachtgeschichte vorlesen	eine Hose anprobieren

5 Vergewissern Sie sich, dass die TN die Bedeutung ihrer Verbphrase verstehen. Die TN sollen nun die Verbphrase, die sie bekommen haben, in die Mitte eines Blattes schreiben. Dann notieren sie entweder darüber eine Tätigkeit, die man vorher machen muss, oder darunter eine Tätigkeit, die danach gemacht werden muss, jeweils im Infinitiv.

6 Dann geben die TN ihren Zettel an den TN zu ihrer Linken weiter, der nun wiederum eine Verbphrase an den Anfang oder an das Ende der Liste setzen soll.

7 Die Listen gehen innerhalb der Gruppe solange reihum, bis jeweils 6 oder 8 Tätigkeiten auf jedem Blatt stehen.

Texte schreiben

1 Wenn jede Gruppe Listen mit jeweils acht bis zehn Tätigkeiten verfasst hat, tauschen die Gruppen ihre Listen aus.

2 Die Listen sollen nun in einen kurzen Text umgeformt werden. Dabei sollen die TN das Hilfsverb *müssen* und das Passiv verwenden. Illustrieren Sie die Vorgehensweise anhand der Liste an der Tafel. Fügen Sie dabei auch passende Konnektoren ein:

Zuerst müssen die Hemden von der Wäscheleine genommen werden.
Danach muss das Bügelbrett aufgestellt werden.
Als Nächstes muss das Bügeleisen mit Wasser gefüllt werden.
Dann muss es angesteckt werden.
Schließlich müssen die Hemden gebügelt, zusammengelegt und in den Schrank gelegt werden.
Zuletzt kann statt des T-Shirts endlich wieder ein Hemd angezogen werden.

3 Jede Gruppe entscheidet, welche der drei beziehungsweise vier Listen ihr am besten gefällt, und formt diese Liste wie im obigen Beispiel in einen Text um. Weisen Sie darauf hin, dass die Listen verändert werden können, das heißt, Tätigkeiten können weggelassen, andere hinzugefügt werden. Erklären Sie den TN außerdem, dass nicht alle Verben ins Passiv gesetzt werden können (siehe Sprachsensibilisierung Seite 75). Helfen Sie den TN in Zweifelsfällen.

4 Wenn die Gruppen fertig sind, fordern Sie sie auf, einen Titel für ihren Text zu suchen.

5 Zum Abschluss liest ein Gruppenmitglied aus jeder Gruppe den Text vor.

Zweite Unterrichtseinheit

„Zeitbudget"

1 Sprechen Sie mit den TN über Situationen, in denen Sie das Gefühl gehabt haben, zu wenig Zeit zur Verfügung zu haben. Zum Beispiel:

„Ich bin einmal in die USA geflogen. Mein Flugzeug hatte eine Stunde Verspätung. Ich hatte einen Anschlussflug eineinhalb Stunden nach der geplanten Landung. Das heißt, ich hatte durch die Verspätung nur noch dreißig Minuten Zeit, um das andere Flugzeug zu erreichen. In dieser Zeit musste mein Visum bestätigt werden, die Passkontrolle passiert werden, mein Gepäck abgeholt werden, der andere Terminal gesucht und das Gepäck wieder eingecheckt werden. Stellt euch vor, bei der Passkontrolle waren ungefähr vierzig Passagiere vor mir …"

2 Die TN sollen an ähnliche Situationen denken, die sie selbst erlebt haben, und darüber in kleinen Gruppen sprechen.

B Präsentation und Rekonstruktion des Modelltextes

Textrekonstruktion

1 Teilen Sie das Arbeitsblatt KV 23.2 aus. Die TN ergänzen die Textlücken mit passenden Formulierungen aus dem Kasten.

KV 23.2 ARBEITSBLATT

Text A

Für die Kirche muss noch ein Turm _____.
Außerdem müssen einige Häuser neu _____.
Die Straßen müssen _____ und Straßenlaternen müssen _____.
Das Bahnhofsdach muss neu _____ und der Tunnel muss _____.
Zuletzt müssen noch die Lokomotiven und Waggons _____,
denn erst dann können wir unsere Modelleisenbahn
auf der Ausstellung präsentieren.

Text B

Die Wäsche muss _____.
Seine Hemden müssen _____.
Für das Mittagessen muss _____.
Die Kinder müssen _____.
Der Wagen muss_____.
Die Fenster müssen _____ und die Teppiche _____.
Heute, wenn er heimkommt, sag ich ihm,
dass ich doch nicht seine Sklavin bin.
Oder werde ich ihn wieder nur anlächeln?

> geputzt – gedeckt – gebaut werden – gebügelt werden – zum Service gebracht werden – gewaschen werden – repariert werden – gestrichen werden – gesaugt werden – vom Kindergarten abgeholt werden – eingekauft werden – ausgebessert – aufgestellt werden – geölt werden

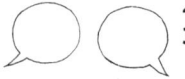

2 Einige TN lesen ihre Lösungen vor.
3 Fordern Sie die TN auf, sich die Sprecher der beiden Texte vorzustellen. Lassen Sie diese Personen beschreiben.

KV 23.3 MODELLTEXT A

Für die Kirche muss noch ein Turm gebaut werden.
Außerdem müssen einige Häuser neu gestrichen werden.
Die Straßen müssen ausgebessert und Straßenlaternen müssen aufgestellt werden.
Das Bahnhofsdach muss neu gedeckt und der Tunnel muss repariert werden.
Zuletzt müssen noch die Lokomotiven und Waggons geölt werden,
denn erst dann können wir unsere Modelleisenbahn
auf der Ausstellung präsentieren.

MODELLTEXT B

Die Wäsche muss gewaschen werden.
Seine Hemden müssen gebügelt werden.
Für das Mittagessen muss eingekauft werden.
Die Kinder müssen vom Kindergarten abgeholt werden.
Der Wagen muss zum Service gebracht werden.
Die Fenster müssen geputzt und die Teppiche gesaugt werden.
Heute, wenn er heimkommt, sag ich ihm,
dass ich doch nicht seine Sklavin bin.
Oder werde ich ihn wieder nur anlächeln?

C Kreatives Schreiben

1 Die TN schreiben eigene Texte auf der Basis der Modelltexte. Geben Sie als Hilfestellung folgende Textstruktur an der Tafel vor:

_____ *muss/müssen* _____ *werden,*
_____ *muss/müssen* _____ *werden,*

. . .

Und ich ___ _____ .

2 TN, die ihre Texte fertiggeschrieben haben, bilden Gruppen oder lesen sich in Partnerarbeit ihre Texte vor. Dabei können mehrmals die Partner gewechselt werden.

VARIANTE

Wenn Sie die Modelltexte ein wenig verändern oder die folgenden alternativen Modelltexte verwenden, können Sie damit auch müssen *und* sollen *im Aktiv Präsens,* sein + zu + Infinitiv *oder* sich lassen *in der Bedeutung „etwas kann gemacht werden" üben.*

VARIANTE 1: „sollen"

Bis drei Uhr soll ich auf den kleinen Bruder aufpassen,
dann muss ich zuerst einmal auf meinem Schreibtisch Ordnung machen,
danach muss ich die Hausaufgabe machen und
für den Geographietest lernen,
um halb fünf muss ich meine neue Freundin Claudia von der Klavierstunde abholen.
Vorher muss ich aber noch meinen Fussball aufpumpen und
mein Fussballdress bügeln,
denn um fünf haben wir das Match gegen die Parallelklasse.
Ein Leben wie ein Manager, doch leider ohne angemessene Bezahlung!

*(Niveau: 1-**2**-3-4-5)*

VARIANTE 2: „ist zu"

Ein Schatz ist zu finden,
ein Drache ist zu töten,
ein Riese ist zu überlisten,
ein Berg ist zu besteigen,
ein Ozean ist zu überqueren
ein Zauberer ist zu besiegen,
erst dann darf geheiratet werden
und das Märchen glücklich enden.

*(Niveau: 1-2-**3**-4-5)*

VARIANTE 3: „sich lassen"

Der Wecker lässt sich nicht abstellen,
die Vorhänge lassen sich nicht aufziehen,
der Wasserhahn lässt sich nicht aufdrehen,
die Zahnpastatube lässt sich nicht aufschrauben,
und die Unterhose lässt sich nicht finden.
Was für ein schrecklicher Morgen,
ich gehe gleich ins Bett zurück.

*(Niveau: 1-2-**3-4**-5)*

TEXT EINES TN

Das Zimmer muss aufgeräumt werden,
die Fenster müssen geputzt werden,
der Fernseher muss ausgeschaltet werden,
das Auto muss gewaschen werden,
das Rad muss in die Garage gebracht werden,
Lebensmittel müssen gekauft werden,
die Miete muss bezahlt werden,
der Hund muss geimpft werden,
die Kinder müssen vom Kindergarten
abgeholt werden,
das Abendessen muss gemacht werden,
die Zähne müssen geputzt werden,
alle diese Dinge müssen gemacht werden,
bevor meine Frau zurück nach Hause kommt.

24 Von der Liebe erzählen viele …

Grammatik: Personalpronomen, Nebensätze, Perfekt

Sprechintention: Gegenstände beschreiben

Niveau: 1-**2**-3-4-5

Dauer: 40 bis 60 Minuten

Materialien: Die Namen einiger Gegenstände auf Papierstreifen (z. B. *Regenschirm, Schultasche, Kochtopf*), Lückentext KV 24.1 auf einer Folie für den OHP, Arbeitsblätter KV 24.2 auf einer Folie für den OHP oder Kopien der Skeletttexte in Klassenstärke

A Thematische Einstimmung

Dinge erraten

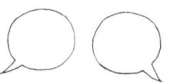

1 Fordern Sie die TN auf, an einen Gegenstand zu denken.
2 Ein TN soll den Namen des Gegenstandes, an den er gedacht hat, an die Tafel schreiben. Drehen Sie sich dabei um, so dass Sie das Wort an der Tafel nicht lesen können, die Kursteilnehmer aber schon.
3 Der TN an der Tafel löscht das Wort aus, und Sie beginnen, Ihren TN Entscheidungsfragen zu stellen, um herauszufinden, um was für einen Gegenstand es sich handelt. Zum Beispiel:

KL: „Ist der Gegenstand in diesem Raum?"
„Ist er aus … (Metall, Glas, Holz, …)?"
„Ist er teuer/billig/rot …?"
„Ist er größer/länger als …?"
„Ist er so groß/teuer/ … wie …?"
„Kann man damit …? Kann man ihn … ?"
„Benutzt man ihn täglich?"
„Besitzt du ihn?/Besitzen Sie ihn?"

4 Wiederholen Sie dieses Fragespiel einige Male, so dass die TN die Fragen mehrmals hören.
5 Schreiben Sie die Fragestrukturen an die Tafel. In Partnerarbeit sollen die TN das Fragespiel wiederholen, um die Fragestellungen zu üben.

Variation: Wettlauf-Ratespiel

1 Bilden Sie drei oder vier Gruppen, die sich im Klassenzimmer verteilen sollen.
2 Bitten Sie ein Mitglied jeder Gruppe als „Boten" zu sich und zeigen Sie ihm ein Wort, das auf ein Kärtchen geschrieben wurde, z. B. *Regenschirm*
3 Die Boten kehren zu ihrer jeweiligen Gruppe zurück. Die anderen stellen nun Entscheidungsfragen, um herauszufinden, was das vorgegebene Wort ist. Die Boten dürfen den anderen TN natürlich nicht durch Mimik oder Gestik helfen. Wenn eine Gruppe das Wort erraten hat, schickt sie einen anderen Boten aus, dem Sie einen neuen Begriff zeigen. Die Gruppe, die auf diese Weise als erste drei Wörter erraten hat, hat gewonnen.

„Was mir viel bedeutet"

1 Erzählen Sie kurz von einem Gegenstand, der Ihnen viel bedeutet. Zum Beispiel:

KL: „Ich habe diese Tasche schon jahrelang. Ich habe sie von einem Freund bekommen, der sie in Indien gekauft und sie mir als Geschenk mitgebracht hat. Die Farben sind schon etwas verwaschen, aber sie gefällt mir noch immer. Sie riecht gut und ich denke manchmal an Indien, wenn ich sie betrachte."

2 Bitten Sie die TN, die Augen zu schließen. Sie sollen an einen Gegenstand denken, der ihnen sehr viel bedeutet, und zwar so lange, bis sie diesen Gegenstand bildhaft vor Augen haben. Geben Sie dafür zwei bis drei Minuten Zeit.

3 Bilden Sie Dreiergruppen. Die TN sollen jetzt den anderen Mitgliedern ihrer Gruppe von ihrem Gegenstand erzählen.

B Präsentation und Rekonstruktion des Modelltextes

1 Lesen Sie Text A (KV 24.1) zweimal vor, wobei Sie die Lücken aber nicht ergänzen dürfen. Vor dem zweiten Lesen bitten Sie die TN, die Augen zu schließen und sich den beschriebenen Gegenstand so genau wie möglich vorzustellen. Die TN sollen dann erraten, um welchen Gegenstand es sich handelt (Lösung: „Ledergürtel").

2 Präsentieren Sie den Text abschließend auf einer Folie für den OHP bzw. auf einem Packpapierbogen.

KV 24.1 LÜCKENTEXT

Text A

Von der Liebe erzählen viele.
Ich möchte von _____ _____ erzählen.
Er ist braun und weich,
ein Geschenk meines Vaters.
Ich habe ihn seit meinem neunten Lebensjahr,
und ich habe ihn immer wieder gefunden,
wenn er einmal verschwunden war.
Wenn ich ihn zur Hand nehme, kann ich ihn riechen,
und ich denke dabei an Sättel und Pferde.

Präsentation weiterer Modelltexte

1 Präsentieren Sie das Arbeitsblatt KV 24.2 am OHP oder teilen Sie die Fotokopie der Texte aus.

2 Fordern Sie die TN auf, die Lücken in beiden Texten zu ergänzen. Helfen Sie eventuell mittels Gestik, Mimik oder indem Sie den ersten Buchstaben eines Wortes angeben.

3 Lesen Sie die Originalversion der Texte vor (s.u.). Wenn die TN die Texte auf einem Arbeitsblatt rekonstruiert haben, sollen sie während des Zuhörens ihre Versionen kontrollieren.

KV 24.2 ARBEITSBLATT TEXTSKELETT

Text B

Von d___ L_____ erzählen v_____.
Ich m_____ von m_____ T_____bären erzählen.
Ich w_____ nicht, wann ich i_____ b_____ habe,
aber er s_____ schon lange auf m_____ B_____r_____.
Er s_____ a_____ und schäbig a_____,
aber ich w_____ i_____ nie w___w_____.

Text C

V_____ der L_____ e_____ viele.
I____ möchte von m_____ O___r_____ erzählen.
Sie sind gr_____ mit r_____ B_____,
und ich w_____ nicht, wie lange ich s_____ schon h_____.
Sie s_____ l_____ aus,
und wenn ich m_____ im Spiegel s_____,
m_____ i_____ l_____.

S p r a c h s e n s i b i l i s i e r u n g (o p t i o n a l) : Machen Sie die TN auf die Personal-
pronomen im Text aufmerksam. Sie müssen in Genus und Numerus mit dem
Bezugswort übereinstimmen (z.B. *der Teddybär – er*) und im Satz den richtigen
Kasus annehmen (z.B. *Ich weiß nicht, wann ich ihn bekommen habe.*) Dieser Hin-
weis erscheint vor allem dann sinnvoll, wenn Sie in weniger fortgeschrittenen
Gruppen die alternativen Modelltexte einsetzen (s. unten).

KV 24.3 MODELLTEXT

Text B

Von der Liebe erzählen viele.
Ich möchte von meinem Teddybären erzählen.
Ich weiß nicht, wann ich ihn bekommen habe,
aber er sitzt schon lange auf meinem Bücherregal.
Er sieht alt und schäbig aus,
aber ich würde ihn nie wegwerfen.

Text C

Von der Liebe erzählen viele.
Ich möchte von meinen Ohrringen erzählen.
Sie sind grün mit roten Blumen,
und ich weiß nicht, wie lange ich sie schon habe.
Sie sehen lustig aus,
und wenn ich mich damit im Spiegel sehe,
muss ich lächeln.

C Kreatives Schreiben

1 Geben Sie als Anregung folgende Stimuli an der Tafel vor und fordern Sie die TN auf, eigene Texte zu schreiben.

Von der Liebe erzählen viele.
Ich möchte _____
Ich _____ seit _____
_____
Er/sie/es _____.

2 Bitten Sie einige TN nach der Korrekturphase (siehe Seite 12), ihre Texte vorzulesen.

VARIANTE

*Wenn Sie die Modelltexte ein bisschen verändern, können Sie die Einheit auch in weniger fortgeschrit-
tenen Kursen einsetzen. Wenn Sie auch die einleitende Rateübung vereinfachen möchten, könnten Sie
den TN zuerst eine Liste mit ungefähr 30 schon bekannten Nomen präsentieren. Entfernen Sie dann
die Liste und lassen Sie die TN Begriffe aus dieser Liste mit Hilfe von Entscheidungsfragen erraten.*

VARIANTE 1

Das ist mein Radio.
Es ist klein und schwarz
und steht auf meinem Schreibtisch.
Ich schalte es immer ein,
wenn ich traurig bin.
Manchmal bin ich dann wieder fröhlich.

VARIANTE 2

Das ist meine Kuckucksuhr.
Sie hängt über meinem Bett.
Der Plastikkuckuck funktioniert nicht mehr.
Und sie zeigt auch die Zeit nicht mehr richtig an.
Ich werfe sie aber nicht weg,
denn sie ist ein Geschenk von meiner Großmutter.

*(Niveau für alle Varianten: **1-2**-3-4-5)*

VARIANTE 3

Das ist mein Glücksstein.
Er ist grün und ganz glatt.
Ich habe ihn von meinem Freund.
Ich nehme ihn immer mit,
wenn ich eine Prüfung habe.
Dann kann nichts passieren.

<u>TEXT EINES TN</u>

Von der Liebe erzählen viele.
Ich möchte von meinem kleinen Radio erzählen.
Es ist ein Geschenk von meiner Schwester.
Ich habe es zu meinem Geburtstag bekommen,
ich weiß nicht mehr, welcher es war.
Aber es ist sehr wichtig für mich, gerade jetzt.
Es ist klein, aber sehr gut, weil es 15 Band-
Frequenzen hat, und ich Nachrichten aus der
ganzen Welt hören kann, auch aus meiner
Heimat. Ich nehme es überall mit und
borge es niemandem.

25 Kosmischer Cocktail

Grammatik: Mengenangaben, Perfekt

Sprechintention: Kochrezepte austauschen, Anleitungen geben

Niveau: 1-**2**-**3**-4-5

Dauer: 30 bis 40 Minuten

Material: Eventuell eine bemalte Flasche oder eine Flasche mit einer stark gefärbten Flüssigkeit, eventuell Modelltext KV 25.1 auf einer Folie für den OHP, eventuell Folie mit den Wörtern aus der KV 25.2

A Thematische Einstimmung

„Der Lieblingscocktail des Lehrers"

1 Bringen Sie eine Flasche mit einer stark gefärbten Flüssigkeit mit in den Unterricht oder zeichnen Sie eine Flasche mit verschiedenfarbigen Sternen an die Tafel (siehe Abbildung). Erklären Sie, dass es sich bei dieser Flüssigkeit um Ihr Lieblingsgetränk handelt, und dass Sie vor vielen Jahren das Rezept dafür von einem Zauberer bekommen hätten. Erfinden Sie einen attraktiven Namen für das Getränk (oder nennen Sie es „Kosmischer Cocktail"), und geben Sie diesen den TN bekannt.

2 Die TN sollen versuchen, die Zutaten für ihren Cocktail erraten. Um das Raten etwas einfacher zu machen, können Sie die Anfangsbuchstaben jeder Zutat wie im folgenden Beispiel an die Tafel schreiben (natürlich ohne die Lösungen in Klammern). Beantworten Sie die Fragen der TN nur mit „Ja" oder „Nein".

ein bisschen von der M_____str_____ (Milchstraße)
ein Stück von einem K_____ (Kometen)
einige Stücke von den S_____ (Sternen)
drei G_____ (Galaxien)
ein paar Tropfen S_____w_____ (Salzwasser)
ein Esslöffel H_____ (Honig)

B Präsentation und Rekonstruktion des Modelltextes

1 Präsentieren Sie den Modelltext KV 25.1 auf einer Folie am OHP oder schreiben Sie ihn an die Tafel.

2 Geben Sie Ihren TN eineinhalb Minuten Zeit, den Text genau durchzulesen.

KV 25.1 MODELLTEXT

Ich habe alles sorgfältig vermischt:
ein bisschen von der Milchstraße,
ein Stück von einem Kometen,
einige Stücke von den Sternen,
und drei Galaxien.
Ich habe ein paar Tropfen Salzwasser
und einen Esslöffel Honig dazugetan.
(Du weißt ja, ich liebe Süßes.)
Ich habe das Ganze
eine halbe Stunde lang gekocht
und vorsichtig umgerührt.
Willst du ihn kosten,
meinen wunderbaren kosmischen Cocktail?

3 Löschen Sie dann alles bis auf die folgende Textstruktur oder decken Sie mit einem Blatt Papier die rechte Hälfte des Textes auf der Folie ab, so dass nur die ersten Wörter jeder Zeile zu sehen sind:

Ich habe _____ :
ein bisschen von _____ ,
ein Stück _____ ,
einige _____
und drei _____ .
Ich habe _____
und _____ .
(Du _____)
Ich habe ___ eine _____ lang _____
und _____
Willst _____ ,
meinen _____ ?

4 Die TN versuchen, den Text in Partnerarbeit aufzuschreiben. Lesen Sie den Originaltext dann noch einmal vor und fordern Sie die TN auf, ihre Texte zu korrigieren. Lassen Sie die Textstruktur eventuell an der Tafel stehen. Bei der späteren kreativen Textproduktion könnte sie hilfreich sein.

C Kreatives Schreiben

Nützliche Wörter sammeln

1 Wiederholen oder unterrichten Sie die folgenden Verben und Mengenbegriffe, damit Ihre TN während der Schreibphase einen größeren Wortschatz zur Verfügung haben. Schreiben Sie die Wörter an die Tafel oder präsentieren Sie sie auf einer Folie.

2 Geben Sie den TN genügend Zeit, sich die Wörter einzuprägen. Wiederholen Sie die Wörter, indem Sie sie stumm nur mit den Lippen formen. Die TN sollen das jeweilige Wort erraten. Entfernen Sie die Wörter dann und fordern Sie die TN auf, so viele wie möglich aus dem Gedächtnis aufzuschreiben.

KV 25.2 WORTLISTE

Verben

mischen – vermengen – kochen – reiben – braten – mahlen – umrühren – hineingeben – dazu-tun – schneiden – backen – dünsten

Mengenbegriffe

ein Liter – ein halber Liter – ein Kilogramm – ein Pfund – eine Schachtel – eine Dose – eine Fla-sche – ein Stück – ein bisschen – eine Tasse – ein Glas – ein Esslöffel – ein Teelöffel – eine Ecke – einige Tropfen – ein Brocken – eine Prise

3 Die TN schreiben auf der Basis des Modelltextes eigene Texte.

VARIANTE

Wenn Sie den Modelltext ein wenig verändern, könnten Sie damit auch den Imperativ (Variante 1), das Passiv Präsens (Variante 2) oder in Anfängergruppen einfach Infinitive mit Akkusativ üben (Variante 3).

VARIANTE 1: Imperativ

Mein Rezept für den Kosmischen Cocktail
Nehmen Sie (bzw. Nimm …)
ein bisschen von der Milchstraße,
ein Stück von einem Kometen,
einige Stücke von den Sternen
und drei Galaxien.
Geben Sie ein paar Tropfen Salzwasser
und einen Esslöffel Honig dazu.
Kochen Sie den Trank eine halbe Stunde lang
und rühren Sie vorsichtig um.
Servieren Sie ihn in giftgrünen Gläsern,
den wunderbaren kosmischen Cocktail.

*(Niveau: **1-2**-3-4-5)*

VARIANTE 3: Infinitiv

Kosmischer Cocktail
Ein Stück von einem Kometen zerreiben,
mit drei Galaxien vermischen,
ein bisschen von der Milchstraße dazutun,
das Ganze mit Sternenstücken vermischen,
einen Esslöffel Honig und ein paar Tropfen Salzwasser dazugeben,
alles eine halbe Stunde lang kochen,
ab und zu vorsichtig umrühren.
In giftgrünen Gläsern servieren.
Wohl bekomm's!

*(Niveau: **1**-2-3-4-5)*

VARIANTE 2: Passiv

Ich will Euch verraten,
wie mein kosmischer Cocktail gebraut wird:
Ein Stück von einem Kometen
wird zerrieben
und mit drei Galaxien vermischt.
Dann wird
ein bisschen von der Milchstraße dazugetan
und das Ganze
mit einigen Sternenstücken vermischt.
Ein Esslöffel Honig und ein paar Tropfen Salzwasser
werden dazugetan.
(Du weißt ja, ich liebe Süßes.)
Alles wird gekocht,
genau eine halbe Stunde lang,
und dabei vorsichtig umgerührt.
Serviert wird er in giftgrünen Gläsern,
mein wunderbarer, kosmischer Cocktail.

*(Niveau: 1-**2-3**-4-5)*

26 Was ist blau?

> **Grammatik:** Genitiv, andere Attributkonstruktionen
>
> **Sprechintention:** Gegenstände bezeichnen und beschreiben
>
> **Niveau:** 1-**2**-**3**-4-5
>
> **Dauer:** 40 bis 50 Minuten
>
> **Materialien:** Arbeitsblätter A (KV 26.1) als Kopien in Klassenstärke, für die Hälfte des Kurses Arbeitsblatt B (KV 26.3), für die andere Hälfte Arbeitsblatt C (KV 26.4), eventuell die Modelltexte (KV 26.2 und KV 26.5) auf einer Folie, eventuell die Redemittel der KV 26.6 auf einer Folie oder auf Postern

A Thematische Einstimmung

Ratespiel

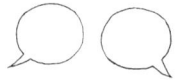

1   Sagen Sie den TN, dass Sie an etwas Rotes denken. Die TN stellen Ihnen nun Entscheidungsfragen (Ja-Neinfragen), um herauszufinden, woran Sie denken.

2   Wer das Wort erraten hat, setzt mit dem Spiel fort und sagt zum Beispiel: „Ich denke an etwas Grünes."

B Präsentation und Rekonstruktion des Modelltextes

Lückentexte bearbeiten

1   Teilen Sie Kopien von Arbeitsblatt 1 (KV 26.1) aus oder schreiben Sie die Texte an die Tafel.

2   Fordern Sie die TN auf, die Lücken zu ergänzen.

3   Lassen Sie die Lösungen dann vorlesen.

4   Lesen Sie danach den Text zweimal vor.

Sprachsensibilisierung (optional): Lassen Sie ihre TN im Text Nomen im Genitiv suchen oder machen Sie Ihre TN auf diese Nomen aufmerksam. Erklären Sie eventuell, wie der Genitiv gebildet wird, indem Sie einige Beispiele an die Tafel schreiben. Weisen Sie darauf hin, dass ein Nomen im Genitiv meistens nach einem anderen Nomen im Satz steht. Das Nomen im Genitiv enthält dann zusätzliche Information über das andere Nomen, es hat die Funktion eines Attributs.

5   Bearbeiten Sie Text B auf dieselbe Weise.

__KV 26.1__ ARBEITSBLATT 1

Text A

Was ist lila?

_____ _____ meiner Schwester,

_____ _____ meines Vaters,

der _____ meines _____,

meine neuen _____

und der _____,

den ich nun doch nicht _____ will.

Auto – verwenden – Lidschatten – Umschlag – Jeans – Tagebuch – Haarspray

Text B

Was ist blau?
Der _____ und der Ozean,
die _____ unseres Lehrers,
der _____ der Fliege,
die meinen _____ _____,
und das Papier deines _____,
der in meiner _____ _____ liegt.

geheim – Nase – Körper – Brief – Himmel – Kopf – Schublade – umschwirren

KV 26.2 MODELLTEXTE

Modelltext A

Was ist lila?
Der Lidschatten meiner Schwester,
das Auto meines Vaters,
der Umschlag meines Tagebuches,
meine neuen Jeans
und der Haarspray,
den ich nun doch nicht verwenden will.

Modelltext B

Was ist blau?
Der Himmel und der Ozean,
die Nase unseres Lehrers,
der Körper der Fliege,
die meinen Kopf umschwirrt,
und das Papier deines Briefes,
der in meiner geheimen Schublade liegt.

Partnerdiktat

1 Die TN arbeiten in Partnerarbeit. TN A bekommt Arbeitsblatt 2 (KV 26.3) und TN B bekommt Arbeitsblatt 3 (KV 26.4).
2 Dann diktieren sich die Partner wechselseitig ihre Texte, und zwar Wort für Wort, und tragen die Wörter der Reihe nach in die Lücken ein. A beginnt mit „Was", B schreibt das Wort in die erste Lücke. Dann diktiert B „ist", A ergänzt dieses Wort in seinem Arbeitsblatt. Dieser Vorgang wird fortgesetzt, bis beide den vollständigen Text vor sich haben. Während des gegenseitigen Diktierens sollen die Wörter natürlich nicht vom Arbeitsblatt des Partners abgelesen werden.
3 Wenn das Diktat beendet ist, vergleichen die Partner ihre Texte.

KV 26.3 ARBEITSBLATT 2

Was _____ rosa?
_____,
die _____ meines _____,
die _____ meiner _____ Freundin,
_____ die _____ Plüschmaus,
_____ mir _____,
wenn _____ schlafe.

KV 26.4 ARBEITSBLATT 3

_____ ist _____?
Erdbeereis,
_____ Nase _____ Katers,
_____ Ohrringe _____ neuen _____,
und _____ niedliche _____,
die _____ zusieht,
_____ ich _____.

KV 26.5 MODELLTEXT C

Was ist rosa?
Erdbeereis,
die Nase meines Katers,
die Ohrringe meiner neuen Freundin,
und die niedliche Plüschmaus,
die mir zusieht,
wenn ich schlafe.

C Kreatives Schreiben

1 Bitten Sie die TN, die Augen zu schließen und sich die Dinge, die in den Texten beschrieben sind, bildhaft vorzustellen. Lesen Sie nun noch einmal die Modelltexte A, B und C vor.

2 Fragen Sie die TN, welcher Text ihnen am besten gefallen hat. Lassen Sie auch erklären, warum.

3 Die TN sollen jetzt selbst eine Farbe wählen und einen eigenen Text schreiben.

Feedback-Runde

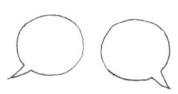

Die TN sollen sich jetzt gegenseitig positives Feedback geben. Fordern Sie sie auf, ihre fertigen Texte an den Wänden im Klassenzimmer aufzuhängen. Dann sollen sie möglichst viele Texte lesen und sich zu Texten, die ihnen gefallen, äußern. Wenn nötig, hängen Sie zwei oder drei Poster mit den nötigen Redemitteln dafür auf oder präsentieren Sie die Redemittel auf einer Folie für den OHP.

KV 26.6 REDEMITTEL FÜR POSITIVES FEEDBACK

Ich mag deinen Text, weil …
Dein Text erinnnert mich an …
Ich finde deinen Text großartig.
Dein Text ist wirklich (besonders/sehr/absolut/ganz/total) gut (interessant/lustig/originell)
Ein wirklich guter/… Text!
Es war wirklich lustig, deinen Text zu lesen.
Ich würde gerne einen solchen Text schreiben können.
Als ich deinen Text gelesen habe, habe ich an … gedacht.
Ich hätte gerne eine Kopie von deinem Text.

VARIANTE

Wenn Sie den Modelltext ein wenig verändern, können Sie damit auch Präpositionalattribute mit dem Dativ (Variante 1 und 2) oder Relativsätze (Variante 3 und 4) üben.

VARIANTEN 1 UND 2: Präpositionalattribute

Was ist schwarz?
Die Lampe auf dem Tisch,
die Schuhe im Regal,
das Klavier im Wohnzimmer,
die Kohle im Keller
und der Schornsteinfeger auf dem Dach.

*(Niveau: 1-**2**-3-4-5)*

Was ist weiß?
Der Schnee in den Bergen,
die Wolken am Himmel,
die Hemden im Schrank,
die Sahne auf der Schokoladetorte
und die neuen Laufschuhe an meinen Füßen.

*(Niveau: 1-**2**-3-4-5)*

VARIANTEN 3 UND 4: Relativsätze

Was ist rosa?
Der Luftballon, der meinem kleinen Bruder
davongeflogen ist.
Die großen runden Ohrringe, die meine Tante so
gerne trägt,
obwohl sie ihr absolut nicht passen,
und die niedliche Plüschmaus,
die mir zusieht, wenn ich schlafe.

*(Niveau: 1-2-**3**-4-5)*

Was ist gelb?
Das Verkehrsschild, das seit gestern in unserer
Straße steht
und auf dem Umleitung steht,
der große Bagger, der unsere Straße aufge-
graben hat,
die Monturen der Arbeiter, die bis spät in der
Nacht Rohre verlegen,
und der blühende Forsythienstrauch vor
unserem Haus,
der spätestens morgen dem Bagger zum Opfer
fallen wird.

*(Niveau: 1-2-**3**-4-5)*

TEXTE VON TN

Was ist gelb?
Die Sonne
die Wörterbücher der Studenten,
und ein Teil meines Kulis,
der leider nicht mehr funktioniert.

Was ist grün?
Das Gras der Wiesen,
die Augen meiner Mutter,
die Blätter der Obstbäume in
meinem Garten und meine Decke,
unter der ich immer schöne Träume
habe.

27 Petras Pausenbrot

Grammatik: Attributkonstruktionen, Präpositionalattribute mit Dativ

Sprechintention: Persönliche Erinnerungen austauschen

Niveau: 1-2-**3**-4-5

Dauer: 40 Minuten

Materialien: Modelltext KV 27.1 auf einer Folie für den OHP

A Thematische Einstimmung

1 Fordern Sie die TN auf, an charakteristische Geräusche, Gerüche oder Geschmacksempfindungen aus ihrer Kindheit zu denken. Geben Sie einige Beispiele:

der Geruch von …	der Geschmack von …	der Klang/das Geräusch von …
angebrannter Milch	Zitroneneis	Kirchenglocken am Sonntag in der Früh

Sprachsensibilisierung (optional):
1 Erklären Sie den TN, dass Nomen mit Nullartikel keinen Genitiv und daher auch kein Genitivattribut bilden können. In diesen Fällen verwendet man statt des Genitivattributs daher ein Attribut mit *von* (+ Dativ), z.B. *der Geschmack von Zitroneneis.*
2 Wiederholen Sie eventuell auch die Adjektivendungen bei Nomen im Dativ ohne Artikelwort. Das Adjektiv bekommt dann das Genussignal des Artikelworts.
Zum Beispiel:
der Geruch von frisch gekochtem Kaffee
der Geschmack von saurer Milch
der Geruch von gegrilltem Fleisch
das Geräusch von schweren Schritten
(siehe auch Sprachsensibilisierung Seite 110)

2 In Gruppen zu jeweils drei bis vier TN werden Ideen gesammelt und in Form einer Tabelle aufgeschrieben.
3 Jede Gruppe fertigt dann eine Kopie ihrer Tabelle an und gibt diese an die Nachbargruppe weiter.
4 Die TN diskutieren in der Gruppe darüber, welche Gerüche, Geräusche und Geschmackserlebnisse auf ihren Listen von ihnen eher als angenehm und welche eher als unangenehm empfunden werden. Je ein TN berichtet abschließend kurz im Plenum, ob es in seiner Gruppe unterschiedliche Meinungen gibt oder nicht.

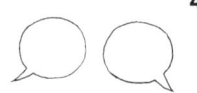

B Präsentation und Rekonstruktion des Modelltextes

Lückendiktat

1 Lesen Sie den Modelltext (KV 27.1) einmal vor. Die TN sollen gut zuhören.
2 Erklären Sie den TN, dass Sie ihnen nun den Modelltext diktieren werden, dass Sie dabei aber einige Wörter (die unterstrichenen) auslassen. Wenn Sie ein Wort überspringen, werden Sie das den TN anzeigen, indem Sie pfeifen oder einmal auf den Tisch klopfen. Die TN sollen dann für das einzusetzende Wort eine Lücke freilassen. Demonstrieren Sie diese Technik vor dem Diktat anhand der ersten beiden Textzeilen.

3 Nach dem Diktat versuchen die TN die Lücken zu ergänzen und vergleichen ihre Texte anschließend mit ihrem Nachbarn/ihrer Nachbarin.
4 Nachdem einige TN ihre Texte vorgelesen haben, präsentieren Sie den Modelltext am OHP.

KV 27.1 MODELLTEXT

Ich mag
das <u>Geräusch</u> von kochendem <u>Teewasser,</u>
den Geruch <u>von</u> frisch <u>getoastetem</u> Brot
und <u>den</u> Geschmack von <u>Erdbeermarmelade</u> in meinem Müsli
am <u>Sonntag</u>morgen <u>beim</u> Frühstück.
Doch ich <u>hasse</u>
den <u>Geruch</u> von dreißig Paar <u>Hausschuhen</u> in <u>unserer</u> Schulgarderobe,
das Geräusch <u>von</u> fünfzehn Nähmaschinen <u>in</u> unserem <u>Werkraum</u>
<u>und</u> den <u>Geschmack</u> von Petras <u>Butterbrot,</u>
von dem <u>ich</u> trotzdem immer <u>wieder</u> abbeiße, <u>wenn</u> sie <u>mich</u> lässt,
<u>weil</u> ich sie <u>liebe,</u>
nicht nur <u>am</u> Montagmorgen in <u>der</u> <u>Schule.</u>

C Kreatives Schreiben

1 Die TN schreiben nun eigene Texte. Geben Sie als Hilfestellung die folgende Textstruktur an der Tafel vor, weisen Sie die TN aber auch darauf hin, dass sie diese Textstruktur variieren können, indem sie z.B. statt „ich" andere Personen einsetzen oder nur über Geräusche bzw. nur über Gerüche schreiben.

Ich mag
den Geruch von _____,
den Geschmack von _____
und den Klang/das Geräusch von _____.
Doch ich hasse
den Geruch von _____,
den Geschmack von _____
und den Klang/das Geräusch von _____.

2 Korrigieren Sie die Texte der TN und lassen Sie anschließend einige davon vorlesen. Hören Sie gut zu und diktieren Sie Ihren TN einen der soeben vorgelesenen Texte aus dem Gedächtnis.

VARIANTE

Wenn Sie den Modelltext ein wenig verändern, können Sie die Einheit auch in weniger fortgeschrittenen Gruppen einsetzen.

Nomen im Akkusativ
Riechen, schmecken und hören –
was ich mag:
Vanillepudding,
frisches Schwarzbrot,
Regentropfen auf dem Hausdach.
Riechen, schmecken und hören –
was ich nicht mag:
Putzmittel,
Hustensaft,
das Quietschen von Autoreifen.

*(Niveau: **1**-**2**-3-4-5)*

Alternative Textpräsentation

Schreiben Sie jede Textzeile der Variante auf einen größeren Papierstreifen. Zeigen Sie jeden Papierstreifen ganz kurz. Die TN schreiben den Satz bzw. das Wort auf.

Sprachsensibilisierung (optional): Bei „allgemeinen Stoffbezeichnungen" verwendet man keinen Artikel (z. B.: *Obst, Brot, Vanillepudding* usw.) Vor einem Nomen ohne Artikel kann aber ein Adjektiv stehen (z. B.: *frisches Schwarzbrot*). Dann bekommt das Adjektiv die Endung des bestimmten Artikels.

28 Welches Buch?

> **Grammatik:** *welch-*, elliptische Strukturen
>
> **Sprechintention:** Alternativen ausdrücken
>
> **Niveau:** **1-2**-3-4-5
>
> **Dauer:** 35 Minuten
>
> **Materialien:** Eventuell das Textskelett KV 28.1 auf einer Folie für den OHP

A Thematische Einstimmung

1 Schreiben Sie die folgenden Wörter untereinander an die Tafel:

aufstehen, Tee, duschen, Fahrrad, weiterarbeiten, Mensa, einkaufen gehen, Disco

Erklären Sie, dass jeder von uns Tag für Tag bewusst und unbewusst viele verschiedene Entscheidungen trifft. Die Begriffe beziehen sich auf solche Entscheidungen.

2 In Partnerarbeit sollen die TN dazu Oppositionen bzw. Alternativen finden. Geben Sie ein Beispiel an der Tafel:

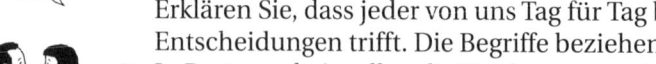

aufstehen oder im Bett bleiben

3 Wenn die Paare fertig sind, sammeln Sie die Ergebnisse an der Tafel. Fordern Sie die TN auf, weitere alltägliche Entscheidungen zu definieren, und ergänzen Sie die Liste an der Tafel.

B Präsentation und Rekonstruktion des Modelltextes

1 Präsentieren Sie ein Textskelett des Modelltextes an der Tafel, bei dem nur der erste Buchstabe jedes Wortes angegeben ist, oder zeigen Sie die Kopiervorlage 28.1 am OHP.
2 Fordern Sie die TN auf, den Text zu rekonstruieren. Helfen Sie dabei mittels Mimik und Gestik oder indem Sie einzelne Buchstaben der Wörter angeben.

KV 28.1 TEXTSKELETT

W_____ B___?
W_____ F_____?
W_____ P_____?
U_ w_____ Z___?
W_____ T_____?
W_____ I___?
W_____ G_____?
W_____ E_____?
I__ g_____,
i__ w____ n___ v_____.

Sprachsensibilisierung (optional):

1 Fragen Sie die TN, in welchem Kasus die Nomen stehen. Erklären Sie, dass der Kasus in diesen (elliptischen) Fragen kontextabhängig ist. Je nachdem, wie die Frage ausformuliert wird, kann der Kasus manchmal Nominativ, manchmal Akkusativ sein: *Welches Buch ist gut?* (Nominativ), *Welches Buch soll ich lesen?* (Akkusativ).

2 Die TN sollten erkennen, dass *welch-* dieselbe Endung bekommt wie der definite Artikel und damit zur Gruppe der „Der-Wörter" gezählt werden kann, die alle dieselben Endungen wie der definitive Artikel haben. Dazu gehören: *der, dieser, welcher, mancher, jeder* (Plural: *alle*), *solcher, folgender, derjenige* und *derselbe* (bei *derjenige* und *derselbe* wird nur *der-* wie der definite Artikel dekliniert, *-jenig-* und *-selb-* bekommen dieselbe Endung wie Adjektive nach definitem Artikel).

3 Lesen Sie den Modelltext noch einmal vor. Die TN sollen dabei die Augen schließen.

KV 28.2 MODELLTEXT

Welches Buch?
Welcher Freund?
Welches Programm?
Um welche Zeit?
Welcher Treffpunkt?
Welche Idee?
Welcher Gedanke?
Welche Entscheidung?
Ich glaube,
ich werde noch verrückt.

C Kreatives Schreiben

Die TN schreiben eigene Texte auf der Basis des Modelltextes. Dabei können auch die beiden letzten Zeilen des Textes geändert werden.

VARIANTE

Wenn Sie die Modelltexte nach den unten stehenden Mustern etwas abwandeln, können Sie auch dieser/diese/dieses (Variante 1), attributive Adjektive (Variante 2) oder Verbphrasen im Infinitiv (Variante 3) üben.

VARIANTE 1:„dies-“ oder „jen-“

Dieses oder jenes Buch?
Dieser oder jener Freund?
Dieses oder jenes Programm?
Dieser oder jener Treffpunkt?
Diese oder jene Idee?
Dieser oder jener Rat?
Diese oder jene Entscheidung?
Ich glaube,
ich werde noch verrückt.

VARIANTE 2: Attributive Adjektive

Ein kleines oder ein großes Frühstück?
Ein teures oder ein billiges Geschenk?
Ein dicker oder ein dünner Mantel?
Ein lustiger oder ein spannender Film?
Ein informatives oder ein unterhaltsames Buch?
Ein ruhiger Abend oder eine tolle Party?
So viele Entscheidungen!
Ich glaube,
ich werde noch verrückt.

VARIANTE 3: Verben im Infinitiv

Aufstehen oder liegenbleiben?
Tee oder Kaffee trinken?
An den Strand gehen oder im Zelt bleiben?
Ein Buch lesen oder Radio hören?
Pizza essen oder Spaghetti kochen?
Boccia spielen oder schwimmen gehen?
In die Disko oder Eis essen gehen?
So viele Entscheidungen,
ich bin doch im Urlaub!

*(Niveau für alle drei Varianten: 1-**2**-3-4-5)*

29 Morgen wird umgeräumt

Grammatik: Wechselpräpositionen, *legen – liegen, stellen – stehen, hängen,* Futur, Relativsätze (2. Unterrichtseinheit)

Sprechintention: Ortsangaben machen

Niveau: 1-2-**3-4**-5

Dauer: 2 Einheiten zu je 50 Minuten

Materialien: Rollenkarten (KV 29.1), eventuell die Kellergrundrisse KV 29.2 und KV 29.3 auf einer Folie für den OHP, für jeweils zwei TN eine Kopie des Arbeitsblattes A (KV 29.4)

Vorbereitung: Stellen Sie aus der KV 29.1 Rollenkarten auf Karton her. Falls Sie weniger als 15 TN in Ihrer Klasse haben, lassen Sie einige Karten weg. Wenn Sie mehr als 15 TN haben, können Sie zusätzliche Karten schreiben oder manche Karten auch doppelt vergeben. Falls Sie neue Karten schreiben, müssen Sie auch die Grundrisspläne der KV 29.2 und KV 29.3 ändern. Wenn Sie mehr als 25 TN in Ihrer Klasse haben, bilden Sie zwei Gruppen und teilen Sie das Kartenset zweimal aus

Erste Unterrichtseinheit

A Thematische Einstimmung

Rollenspiel: „Im Keller"

1   Geben Sie allen TN ein Rollenkärtchen der KV 29.1. Erklären Sie den TN, dass sie ein Gegenstand in einem Kellerraum oder ein Teil dieses Kellerraumes sind. Was sie darstellen, geht jeweils aus der ersten Zeile ihres Rollenkärtchens hervor. Die TN sollen sich die Kärtchen kurz durchlesen, damit Sie eventuell unbekannte Wörter klären können.

2   Fordern Sie dann die TN auf, die Anweisungen auf ihren Rollenkarten auswendig zu lernen. Geben Sie dafür genug Zeit. Überprüfen Sie, ob die TN die Anweisungen gelernt haben, indem Sie sich von einigen TN die Informationen auf den Karten ins Ohr flüstern lassen.

3   Sobald alle TN die Informationen auf den Karten gelernt haben, sammeln Sie die Kärtchen wieder ein.

4   Erklären Sie den TN nun die Spielregeln. Um einen Orientierungspunkt zu geben, können Sie festlegen, wo im Klassenzimmer sich die Kellerstiege und das Kellerfenster befinden. Machen Sie etwas Platz, damit sich die TN aufstellen können.

Spielregeln

KL: „Ihr befindet euch im Kellerraum und müsst herausfinden, wo euer Platz ist. Steht auf, geht herum und sprecht miteinander, um festzustellen, wer eure Nachbarn sind, wer sich euch gegenüber befindet usw. Verwendet dabei aber nur die Informationen, die auf euren Karten stehen. Zum Schluss sollte jeder Gegenstand an seinem Ort stehen."

5   Nachdem die TN ihre Informationen ausgetauscht und sich an der richtigen Stelle im Raum aufgestellt haben, geben alle der Reihe nach den Inhalt ihrer Karte bekannt.

KV 28.1 ROLLENKARTEN

Ich bin die Kellerstiege.
Man hat mich vor einem Monat frisch gestrichen. Ich war braun, jetzt bin ich grau. Unter mir ist Holz aufgeschichtet. Vor mir liegt ein Fußabstreifer.

Ich bin ein Besen.
Ich lehne an der Kellerwand. Rechts neben mir steht ein arroganter Wäschekorb. Vor mir auf dem Boden liegt ein Fußabstreifer. Er ist ein Verwandter von mir. Wir sind aus demselben Material.

Ich bin eine Waschmaschine.
Ich stehe in einer Ecke. Vor mir sehe ich die Kellerstiege. Links neben mir steht ein Wäschetrockner. Ich mag ihn nicht, weil er viel zu laut ist.

Ich bin ein Schlauchboot.
Ich hänge an der Wand neben der Champignonkultur. Neben mir ist das Kellerfenster. Normalerweise bin ich größer, aber ohne Luft sehe ich halt ein bisschen unscheinbar aus.

Ich bin ein Holzstapel.
Ich befinde mich unter der Kellerstiege. Vor mir steht ein Gummistiefel, und zwischen meinen Holzscheiten wohnt eine Mäusefamilie.

Ich bin eine Lampe.
Ich hänge über der Werkbank, direkt neben dem Fenster. In mir steckt eine 40 Watt-Birne. Der Wäschetrockner darf Strom verbrauchen, soviel er will, aber ich muss sparen!

Ich bin ein Gummistiefel.
Ich stehe vor einem Holzstapel neben der Kellerstiege. Vor mir steht ein Wäschetrockner. Normalerweise sind wir zu zweit, aber mein Partner liegt wahrscheinlich noch vor der Haustüre.

Ich bin eine Champignonkultur.
Rechts neben mir hängt ein riesiger Plastiksack an der Wand, vor mir ist ein Fußabstreifer, und hinter dem Fußabstreifer beginnt die Kellerstiege. Es ist ein bisschen trocken hier unten. Deshalb wachsen die Champignons auch nicht so gut.

Ich bin ein Wäschetrockner.
Links, zwischen mir und dem Besen steht ein Wäschekorb. Die Waschmaschine rechts neben mir ist eifersüchtig auf mich, weil ich mehr Strom verbrauchen darf.

Ich bin ein Vorratsregal.
Vor mir steht die Werkbank, links neben mir liegt ein Fußabstreifer. Zur Zeit stehen nur Marmeladengläser in mir. Gibt es in diesem Haus nichts anderes zu essen?

Ich bin ein Wäschekorb.
Eigentlich stehe ich im Badezimmer, nicht hier im Keller neben dem Besen. Es gefällt mir hier nicht. Es ist dunkel und der Fußabstreifer vor mir stinkt.

Ich bin ein Marmeladeglas.
Normalerweise stehen neben mir noch mehr von meiner Sorte. So alleine auf diesem Vorratsregal ist es ziemlich einsam. Unter mir sehe ich einen Fußabstreifer.

Ich bin die Werkbank.
Ich bin der wichtigste Gegenstand hier im Keller. Deshalb ist das Kellerfenster direkt hinter mir. Auch die Lampe hängt direkt über mir an der Decke.

Ich bin ein Fußabstreifer.
Ich hasse es, wenn jemand mit schmutzigen Schuhen auf mich steigt. Vielleicht habe ich den falschen Job. Ich liege zwischen der Kellerstiege und dem Vorratsregal.

Ich bin ein Kellerfenster.
Unter mir ist die Werkbank, vor mir hängt eine Lampe. Sie ist fast genauso schmutzig wie ich. Soll ich mich selbst putzen?

Hinweis: Wir haben die Idee zu diesem Rollenspiel bei Mario Rinvolucri kennengelernt. (s. Bibliographie).

Der Kellerraum zwei Monate später

1 Präsentieren Sie den TN nach dem Rollenspiel auf einer Folie für den OHP oder an der Tafel den Grundriss 1 (KV 29.2). Wenn Sie die Zahl der Kärtchen bzw. deren Inhalt vor dem Rollenspiel verändert haben, müssten Sie auch die beiden Kellergrundrisse dementsprechend verändern.

Sprachsensibilisierung (optional) I: Machen Sie die TN darauf aufmerksam, dass man mit Hilfe von Präpositionen beschreiben kann, wo sich etwas befindet. Sehr oft verwendet man dabei Präpositionen, die manchmal den Akkusativ, manchmal den Dativ verlangen, sogenannte „Wechselpräpositionen". Folgende neun Präpositionen sind Wechselpräpositionen: *in, an, auf, über, unter, neben, zwischen, vor* und *hinter.* Wenn die Wortgruppe mit der Präposition bzw. die Ortsangabe im Satz mit „wo?" erfragt werden kann, dann verlangen die Wechselpräpositionen den Dativ. Zum Beispiel.: *Der Fußabstreifer liegt (wo? →) vor der Kellerstiege.*

2 Erklären Sie den TN Folgendes:

KL: „Ich werde euch jetzt zeigen, wie der Keller in zwei Monaten aussehen wird. Insgesamt
werden 8 Dinge verändert. Versucht euch zu merken, was alles anders sein wird."

3 Präsentieren Sie dann an der Tafel oder am OHP den veränderten Grundriss des Kellerraumes (KV 29.3). Zeigen Sie den Grundriss dreißig Sekunden lang.

4 Fordern Sie die TN auf, in Partnerarbeit die Veränderungen aufzuschreiben. Geben Sie dafür die folgende Struktur vor und erarbeiten Sie gemeinsam mit den TN ein Beispiel:

Jemand wird … stellen/legen/hängen.
Jemand wird den Wäschetrockner in die Ecke neben die Champignonkultur stellen.

Sprachsensibilisierung (optional) II: Wird die Ortsangabe in einem Satz mit *wohin* erfragt, dann verlangen die Wechselpräpositionen den Akkusativ. Zum Beispiel: *Jemand wird den Wäschetrockner (wohin? →) in die Ecke neben die Champignonkultur stellen.*

KV 29.2 KELLERGRUNDRISS 1

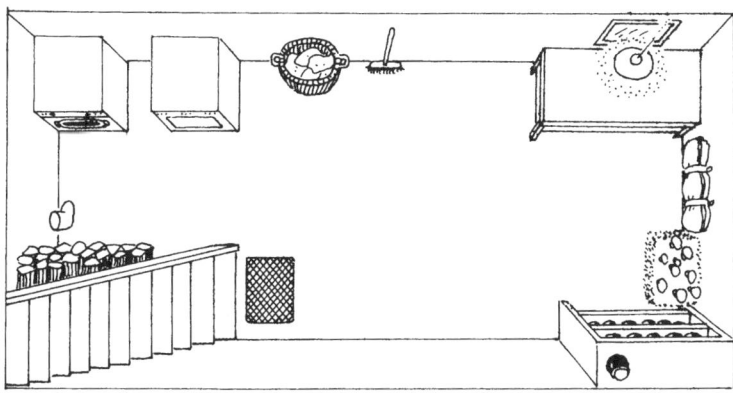

KV 29.3 KELLERGRUNDRISS 2

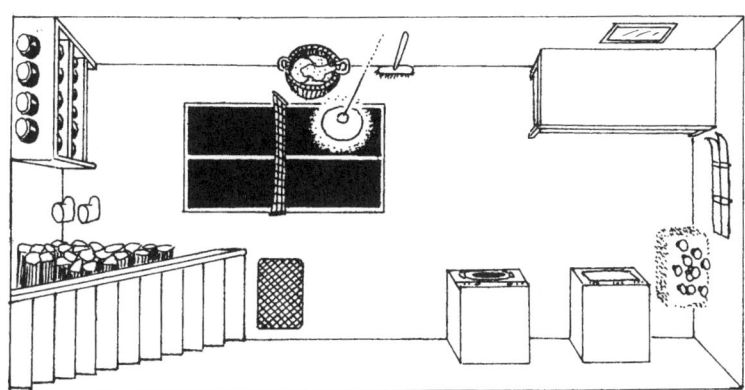

Zweite Unterrichtseinheit

B Präsentation und Rekonstruktion des Modelltextes

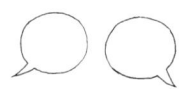

1 Zeigen Sie den TN noch einmal die beiden Kellergrundrisse. Die TN sollen darüber spekulieren, was wohl die Gründe für die Veränderungen sein könnten. (Z.B.: „Jemand wird die Tischtennisplatte in den Keller stellen, weil es dann Winter ist und die Hausbewohner im Keller Tischtennis spielen wollen." usw.)

2 Lesen Sie den Modelltext vor.

3 Geben Sie jeweils zwei TN eine Kopie von Arbeitsblatt A (KV 29.4). Erklären Sie, dass auf dem Arbeitsblatt die Struktur des Modelltextes wiedergegeben wird. Jeder Strich steht für ein Wort aus dem Text. Fordern Sie die TN auf, in Partnerarbeit Wörter aus dem Modelltext, die sie sich gemerkt haben, an den richtigen Stellen im Text einzusetzen. Geben Sie dafür nur wenig Zeit und weisen Sie darauf hin, dass die eigentliche Textrekonstruktion noch folgt.

KV 28.4 ARBEITSBLATT A

4 Präsentieren Sie Arbeitsblatt A auf dem OHP oder an der Tafel. Rekonstruieren Sie gemeinsam mit Ihren TN den Text und geben Sie dafür folgende Regeln vor:

a) Die TN können Entscheidungsfragen über Wörter im Text stellen, die Sie beantworten müssen. Zum Beispiel:

TN 1: „Ist das nächste Wort 'Teppich'?"   KL: „Ja."
TN 2: „Ist das erste Wort in der letzten Zeile 'schließlich'?" KL: „Nein."

b) Wenn die TN richtig geraten haben, tragen Sie das Wort an der richtigen Stelle im Textskelett ein.

c) Sie helfen den TN, indem Sie ein Wort vorschlagen. Dabei dürfen Sie allerdings manchmal „schummeln", das heißt, Sie schlagen ein Wort vor, das nicht im Text vorkommt.

d) Jedesmal, wenn Sie ein Wort vorschlagen, müssen die TN entscheiden, ob sie Ihren Vorschlag annehmen, d.h. Ihr Wort akzeptieren, oder nicht.

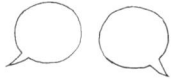

Geben Sie anfangs einige richtige Wörter vor. Greifen Sie in die Diskussionen der TN darüber, ob ein Wort in den Text passt oder nicht, möglichst nicht ein. Warten Sie, bis die TN zu einer Entscheidung kommen.

Anmerkung:

Sie können die Schwierigkeit dieser Aufgabe auf verschiedene Art steuern:

– Einfacher wird die Aufgabe, wenn Sie in das Arbeitsblatt einige Wörter eintragen und bei der Textrekonstruktion mehr Hilfestellungen geben.

– Schwieriger wird die Aufgabe, wenn Sie den Text anfangs nicht vorlesen und bei der Textrekonstruktion weniger Hilfestellungen geben.

Um möglichst alle TN zu motivieren, sich aktiv an der Rekonstruktionsarbeit zu beteiligen, können Sie Gruppen bilden, die dann abwechselnd wie oben beschrieben mit Ihnen gemeinsam den Text rekonstruieren.

Abschließende Präsentation

5 Bitten Sie die TN nach der Textrekonstruktion, sich zurückzulehnen und zu entspannen. Lesen Sie den Modelltext dann noch einmal vor.

KV 28.5 MODELLTEXT

„Pläne"

Morgen werde ich mein Zimmer umstellen.
Zuerst werde ich die Vase von Tante Emma,
die auf dem Fensterbrett steht,
in den Keller stellen.
Die Porzellankatze, die auf meinem Schreibtisch sitzt,
werde ich dann in den Garten setzen.
Danach werde ich das Bild von Onkel Otto,
das über meinem Bett hängt,
in den Abstellraum hängen.
Den Teppich, der vor meinem Bett liegt,
werde ich in die Garage legen.
Und zuletzt werde ich die riesige Palme,
die neben der Tür steht,
in den Vorraum stellen.
So werde ich endlich Platz haben
für meine Sammlung von Gartenzwergen.

C Kreatives Schreiben

Die TN schreiben auf der Basis des Modelltextes eigene Texte. Als Hilfestellung könnten Sie folgenden Lückentext an der Tafel oder auf einer Folie vorgeben:

Morgen _____ mein/e/en _____ umstellen,
Den/die/das_____,
der/die/das _____steht(en)/liegt(en)/hängt(en),
werde ich _____stellen/legen/hängen.
Den/die/das_____,
der/die/das _____, steht(en)/liegt(en)/hängt(en),
werde ich _____. stellen/legen/hängen
So werde ich endlich Platz haben _____.

VARIANTE

Wenn Sie den Modelltext modifizieren, können Sie ihn auch in Gruppen mit weniger fortgeschrittenen TN einsetzen. Im folgenden Beispiel wurde auf die Kontrastierung zwischen Wechselpräpositionen mit Akkusativ und Dativ sowie auf die Relativsätze und das Futur verzichtet. Übungsschwerpunkte sind jetzt Wechselpräpositionen mit Dativ als Ortsangaben und als Präpositionalattribute.

PRÄPOSITIONALATTRIBUTE MIT DATIV

„Pläne"

Morgen sieht mein Zimmer anders aus:
Die Vase von Tante Emma auf meinem Fensterbrett steht dann im Keller.
Die Porzellankatze auf meinem Schreibtisch sitzt dann im Garten.
Das Bild von Onkel Otto über meinem Bett hängt dann im Abstellraum.
Der Teppich vor meinem Bett liegt dann in der Garage.
Und die riesige Palme neben der Tür steht dann im Vorraum.
Morgen habe ich endlich Platz für meine Sammlung von Gartenzwergen.

*(Niveau: 1-**2**-3-4-5)*

VARIANTE DES ROLLENSPIELS

Auch das Rollenspiel „Im Keller" kann vereinfacht werden. Zum Beispiel:

Ich bin die Kellerstiege.   *Ich bin eine Waschmaschine.*
Unter mir liegt Holz.   *Ich stehe in einer Ecke.*
Vor mir liegt ein Fußabstreifer.   *Vor mir sehe ich die Kellerstiege.*
      Neben mir steht ein Wäschetrockner.

Dann müssen Sie auch andere Strukturen vorgeben, wenn Ihre TN die beiden unterschiedlichen Keller-grundrisse vergleichen sollen. Zum Beispiel:
Was ist anders?
Die Waschmaschine steht jetzt in der Ecke neben der Werkbank.

*(Niveau: 1-**2-3**-4-5)*

<u>TEXT EINES TN</u>

Morgen werde ich mein Zimmer <u>aufräumen</u>.
Die leere Saftdose auf meinem Tisch,
die ich jetzt als Aschenbecher verwende,
werde ich wegwerfen und mit dem Rauchen aufhören.
Im Hinterhof werde ich eine kleine Garage bauen,
um nicht mehr das Fahrrad in der Küche
zu haben. Die Bücher, die jetzt auf dem
Zimmerboden liegen, werde ich auf das Bücherbrett
stellen. Die vielen Kopien von meinem Deutschkurs,
die auf dem Schreibtisch liegen,
werde ich in eine Ringmappe einordnen.
Dann wird mein Zimmer wie das Zimmer
eines fleißigen Studenten aussehen.

30 Der schönste Diamant

Grammatik: Adjektivkomparation, Superlativ in attributiver Verwendung

Niveau: 1-**2**-3-4-5

Dauer: 30 Minuten

Materialien: Wortliste KV 30.1 auf einer Folie für den OHP oder Kopien der Wortliste in Klassenstärke, eventuell Modelltext KV 30.2 auf Overheadfolie, einige zweisprachige Wörterbücher

A Thematische Einstimmung

Wortschatzarbeit

1 Geben Sie allen TN ein Exemplar der folgenden Wortliste KV 30.1 oder präsentieren Sie die Liste auf dem OHP. Geben Sie den TN zwei Minuten Zeit, die Liste genau anzusehen.

KV 30.1 WORTLISTE

der Schmetterling	der Schneemann	der Regenbogen	die Schneeflocke
der Sportwagen	der Hubschrauber	die Pizza	der Pilot
der Lehrer	der Tiger	der Elefant	das Klavier
das Schloss	der Diamantring	der Wind	der Adler
der Freund	die Blume	das Insekt	das Messer
der Fluss	der Pudding	die Eiscreme	der Polizist
das Blatt	die Fee	die Hexe	die Schlange
der Ball	der Tennisschläger	das Märchenbuch	das Wort
der Hai	der Winter	das Surfbrett	die Torte

2 Bitten Sie Ihre TN jetzt, das Blatt mit der beschriebenen Seite nach unten vor sich hinzulegen, oder schalten Sie den OHP aus.
3 In Partnerarbeit versuchen die TN, möglichst viele Wörter der Wortliste aus dem Gedächtnis aufzuschreiben.
4 Lassen Sie sich die Wörter dann zurufen und schreiben Sie sie an die Tafel.

Assoziationen und Dissoziationen

1 Bitten Sie jedes Paar, ein Nomen aus der Liste auszuwählen und Adjektive dazu aufzuschreiben: drei Adjektive, die sie mit dem Nomen assoziieren, und wenigstens ein Adjektiv, das nichts mit dem gewählten Nomen zu tun hat. Geben Sie einige Beispiele an der Tafel vor, etwa: *der Ball: rot, groß, rund* (Assoziationen) / *intelligent* (Dissoziation).
2 Bitten Sie die Paare, ihre Wörter vorzulesen. Notieren Sie die Assoziationen und Dissoziationen an der Tafel mit zwei unterschiedlichen Farben.

Komparative und Superlative bilden

1 Ein TN ruft einen anderen TN auf und gibt ein Adjektiv von der Tafel an.

2 Der Aufgerufene soll möglichst schnell den Komparativ und den Superlativ nennen. Die TN sollen den Superlativ in der attributiven Form angeben, z. B. „billig – billiger – der/die/das Billigste." Wurde die richtigen Formen angegeben, löschen Sie das Adjektiv von der Tafel. Wenn nicht, warten Sie, bis ein anderer TN den richtigen Komparativ und Superlativ nennt. Setzen Sie die Übung so lange fort, bis alle Adjektive an der Tafel gelöscht sind.

Sprachsensibilisierung (optional): Wenn die TN Adjektive nennen, die von der Grundregel (Komparativ mit Suffix *-er,* Superlativ mit Suffix *-(e)sten)* abweichen, erklären Sie kurz die jeweilige Ausnahme:
– Einige kurze (einsilbige) Adjektive haben im Komperativ und Superlativ einen Umlaut.
– Wenn das Adjektiv auf *-er* oder *-el* endet, fällt beim Komparativ das *-e-* weg: *dunkel – dunkler, teuer – teurer.*
– Wenn das Adjektiv auf d, t, s, ß, x oder z endet, wird der Superlativendung ein zusätzliches *-e* vorgeschaltet, weil man das Adjektiv sonst nur schwer aussprechen kann: *alt – der/die/das älteste*
– Die fünf Adjektive *gut, viel, gern, hoch* und *nah* haben unregelmäßige Komparationsformen.

B Präsentation des Modelltextes

Präsentieren Sie den Modelltext KV 30.2 am OHP oder auf Packpapier.

KV 30.2 MODELLTEXT

Der schönste Diamant,
der tiefste See,
der riesigste Elefant,
die größte Pizza,
die tollkühnste Pilotin,
die süßeste Torte,
das schnellste Auto,
das cremigste Eis,
der gefährlichste Schneemann,
das möchte ich gerne sein.

C Kreatives Schreiben

Die TN schreiben eigene Texte. Fordern Sie sie auf, dabei zweisprachige Wörterbücher zu verwenden und möglichst originelle Kombinationen von Adjektiven und Nomen zu finden.

VARIANTE

Wenn Sie den Modelltext ein wenig verändern, können Sie auch den Komparativ gemeinsam mit dem Superlativ (wie in Variante 1) oder den Superlativ in prädikativer bzw. adverbialer Verwendung üben (Variante 2). Wenn Sie Variante 2 als Modelltext verwenden, suchen Sie für die einleitende Übung Nomen, die sich gut mit Verben kombinieren lassen, und lassen Sie die TN zu den Nomen Adjektive und Verben suchen. Zum Beispiel: „Haifisch: schwimmt schnell, beißt fest zu, ist gefährlich/singt schön".

VARIANTE 1: Komparativ und Superlativ

Schöner als der schönste Diamant,
tiefer als der tiefste See,
riesiger als der riesigste Elefant,
größer als die größte Pizza,
tollkühner als die tollkühnste Pilotin,
süßer als die süßeste Torte,
schneller als das schnellste Auto,
cremiger als das cremigste Eis,
gefährlicher als der gefährlichste Schneemann,
so möchte ich gerne sein.

*(Niveau: 1-**2**-3-4-5)*

VARIANTE 2: Superlativ in adverbialer
Verwendung

Der Löwe, der am lautesten brüllt,
das Echo, das am längsten klingt,
die Pizza, die am besten schmeckt,
der Stern, der am hellsten leuchtet,
die Blume, die am stärksten duftet,
die Biene, die am leisesten summt und
der Bär, der am lautesten brummt,
so möchte ich gerne sein.

*(Niveau: 1-2-**3**-4-5)*

TEXT EINES TN

Das weißeste Fest,
das lustigste Wetter,
das blaueste Meer,
der härteste Baum,
der intelligenteste Lehrer,
die einfachste Sprache,
der leichteste Kugelschreiber,
die harmonischste Musik,
der freundlichste Freund,
das möchten wir gerne sein.

31 Bin ich nicht sehr, sehr süß?

Grammatik: Komparativ

Sprechintention: Vergleiche anstellen

Niveau: 1-2-**3**-4-5

Dauer: 50 Minuten

Materialien: Keine

A Thematische Einstimmung

Wörter sammeln

1 Schreiben Sie Folgendes als Stimuli an die Tafel.

Bin ich nicht sehr, sehr süß?   *eine Aprikose*

2 Fordern Sie die TN auf, Ihnen Wörter zuzurufen, die zu der Frage oder dem Begriff passen. Fragen Sie die TN, zu welchem Stimulus das jeweilige Wort gehört, und schreiben Sie die Wörter rund um diesen Stimulus an die Tafel.

Gedichte hören

1 Lesen Sie Gedicht A und Gedicht B vor.
2 Bitten Sie die TN, die Augen zu schließen, und lesen Sie die Gedichte ein zweites Mal vor. Je nach Niveau der TN können Sie vorher einige Wörter erklären.

GEDICHT A: „ICH"	GEDICHT B
Meine Nase ist blau, die Zähne sind grau. Mein Kopf ist größer als eine Melone, geformt wie eine große Bohne. Bin ich nicht sehr, sehr süß? Ein Bein ist zu kurz, das andere zu lang, die Haare sind grün wie Meerestang. Meine Stimme ist sanft wie Walrossgesang. Bin ich nicht sehr, sehr, sehr, sehr süß?	Wachsen war schön, die Welt war bunt, und ich wurde gelb und süß und rund. Da packte mich jemand am Schopf und setzte mich in diesen Topf. Die Sonne war früher so heiß, jetzt sitze ich hier und bin Speiseeis. Mir ist fürchterlich kalt. Ich glaube, ich werde nicht alt. Drum wär ich jetzt lieber eine Rose als eine Eiscreme-Aprikose.

3 Fordern Sie die TN jetzt auf, Ihnen weitere Wörter zuzurufen, die zu den beiden Stimuli an der Tafel passen. Einige werden Wörter aus den beiden Gedichten nennen, einige werden Ihnen neue Wörter zurufen.

B Präsentation und Rekonstruktion des Modelltextes

Memodiktat

1 Sagen Sie den TN, dass Sie ihnen einen Text diktieren werden, dass sie aber nichts schreiben dürfen, bevor Sie mit dem Vorlesen fertig sind. Sagen Sie ihnen auch, dass Sie den Text zweimal vorlesen werden. Die Aufgabe der TN ist es, sofort nach jedem Diktat alles aufzuschreiben, was sie sich gemerkt haben. Lesen Sie dann den Modelltext zweimal vor.

<u>MODELLTEXT (TEXT FÜR DAS MEMODIKTAT)</u>

Meine Ohrläppchen sind größer als Erdbeeren.
Meine Nase ist länger als eine Karotte.
Meine Füße sind kürzer als Bananen.
Meine Haare sind dicker als Grashalme.
Meine Finger sind wie Gurken.
Ich sehe gut aus,
ich rieche gut.
Kein Wunder, dass mich alle mögen.

2 Anschließend sollen die TN versuchen, den Text zusammen mit einem Partner zu rekonstruieren. Geben Sie dafür ungefähr fünf Minuten Zeit.

3 Lassen Sie sich jetzt den Text von Ihren TN diktieren und schreiben Sie ihn an die Tafel. Wenn Ihnen niemand die richtigen Wörter zuruft oder wenn die Vorschläge der TN grammatikalische Fehler enthalten, helfen Sie mittels Mimik und Gestik.

Textrekonstruktion

1 Bitten Sie die TN, die Augen zu schließen.

2 Löschen Sie bestimmte Wörter des Textes, der an der Tafel steht (siehe „Textskelett" unten).

3 Fordern Sie die TN auf, die Augen wieder zu öffnen und Ihnen die fehlenden Wörter zuzurufen. Rekonstruieren Sie auf diese Weise den kompletten Text.

<u>TEXTSKELETT</u>

Meine _____ _____ _____ als _____,
Meine _____ _____ _____ als _____ _____,
Meine _____ _____ _____ als _____,
Meine _____ _____ _____ als _____ _____,
Meine _____ _____ wie _____,
Ich _____ _____ _____,
Ich _____ _____
Kein Wunder, _____ _____ _____ _____.

C Kreatives Schreiben

1 Bevor die TN ihre eigenen Texte schreiben, könnten Sie an der Tafel Wörter zu folgenden Oberbegriffen sammeln: „Körperteile", „Adjektive", „Früchte", „Gemüse".

2 Sagen Sie den TN, dass sie statt „mein-" auch „sein-" oder „ihr-" verwenden und dass sie thematisch vom Modelltext abweichen können. Sie können auch über andere Themen schreiben, wie z.B. „mein Zimmer", „unser Klassenzimmer", „mein Garten" oder „mein Haustier".

3 Die TN schreiben eigene Texte.

32 Blumen, Tiger und hohe Bäume

Grammatik: Attributkonstruktionen, vor allem Adjektiv- und Partizipialattribute

Sprechintention: Beschreiben

Niveau: 1-2-**3**-**4**-5

Dauer: 50 Minuten

Materialien: Kopien der Arbeitsblätter A und B (KV 32.1 und KV 32.3) in Klassenstärke, eventuell Kopiervorlage 32.4 auf einer Folie

A Thematische Einstimmung

Themen erraten

1 Präsentieren Sie den TN auf dem OHP oder an der Tafel langsam der Reihe nach Nomen mit Adjektiv- oder Partizipialattributen, die Sie mit einem bestimmten Thema assoziieren. Zum Beispiel Thema „Urlaubsreisen":

laut hupende Autos – unbekanntes Essen – schlechtes Wetter – interessante Menschen – ein bequemer Autobus – zu viel grünes Pfefferminzeis – ein schmutziger Strand – ein schwerer Koffer – ein geschwätziger Reiseführer – ein überfülltes Hotel – lärmende Motorräder

2 Erklären Sie gegebenenfalls unbekannte Wörter. Die TN sollen nach jedem Wort, das Sie an die Tafel schreiben, zu erraten versuchen, um welches Thema es sich handelt. Falls einige Ihrer Assoziationen den TN nicht sofort einleuchten, erklären Sie diese genauer. Zum Beispiel:

KL: „Bei meiner letzten Urlaubsreise nach Italien hat mein Sohn Pfefferminzeis bestellt. Es hat ihm dann aber nicht geschmeckt. Es war tiefgrün, wahrscheinlich mochte er es deswegen nicht. Ich habe das Eis gegessen, obwohl ich Pfefferminzeis eigentlich auch nicht ausstehen kann."

Sprachsensibilisierung (optional): Machen Sie die TN auf die unterschiedlichen Endungen des Adjektivs aufmerksam. Erklären bzw. wiederholen Sie anhand der Beispiele einige Regeln für die Adjektivendungen im Deutschen.
Die folgende Erklärung kann analytischen Lerntypen unter Ihren TN eventuell helfen, Adjektivendungen richtig zu bilden:
1. Die TN sollen zuerst das Artikelwort vor dem Adjektiv betrachten. Wenn dieses Artikelwort eine der folgenden Endungen hat (= Genus und Kasusmarkierungen), dann endet das Adjektiv vor dem Nomen auf -e oder -en.

	maskulin	neutral	feminin	Plural
Nominativ	-er	-(e)s	-e	-e
Akkusativ	-en	-(e)s	-e	-e
Dativ	-em	-em	-er	-en
Genitiv	-es	-es	-er	-er

Meist ist die Endung des Adjektivs *-en,* im Nominativ Singular und im Akkusativ Singular feminin und neutral lautet die Endung *-e.*

2. Wenn beim Artikelwort die Kasus- und Genusmarkierungen (= Endungen in der Tabelle) fehlen oder wenn es kein Artikelwort gibt, dann muss das Adjektiv diese Endungen bekommen.

Ausnahme: Im Genitiv maskulin und neutrum bekommt das Adjektiv immer die Endung *-en.* (Diese Genitivformen sind aber sehr selten.) Erklären Sie den TN, dass diese Regeln auch für Partizipien gelten, die als Attribute verwendet werden. Zum Beispiel: *laut hupende Autos.*

Assoziationen sammeln

1 Bilden Sie Gruppen zu je drei bis vier TN. Geben Sie jeder Gruppe ein Thema vor, zu dem die TN Assoziationen in Form von Adjektiv-Nomen-Kombinationen finden sollen, z.B. „Theater", „Stadt", „Wasser", „Familie", „Sehen", „Hören", „Denken", „Krimi", „Märchen".

2 Wenn die Guppen genügend Begriffe gesammelt haben, liest jeweils ein Vertreter einer Gruppe im Plenum langsam die gefundenen Assoziationen vor. Die anderen TN sollen erraten, welches Thema Sie dieser Gruppe vorgegeben haben. Lassen Sie die TN die Assoziationen erklären, wenn nötig.

B Präsentation und Rekonstruktion des Modelltextes

Lückentexte ergänzen

1 Teilen Sie Kopien des Arbeitsblattes A (KV 32.1) an die TN aus oder schreiben Sie die Textskelette und die zu ergänzenden Wörter an die Tafel oder auf eine Folie für den OHP.

2 Fordern Sie die TN auf, die Textlücken mit Wörtern aus dem Kästchen zu ergänzen, so dass zwei sinnvolle Texte entstehen. Überzeugen Sie sich davon, dass alle TN die beiden letzten Textzeilen verstehen.

3 Lassen Sie einige TN ihre Texte vorlesen.

4 Fragen Sie die anderen, welcher Text ihnen am besten gefallen hat.

5 Lesen Sie dann die Lösung vor.

KV 32.1 ARBEITSBLATT A

Ich sehe

_____

_____

_____

_____

und _____,
wenn ich dir lange und tief
in die Augen schaue.

Ich sehe

_____

_____

_____

_____

und _____
von meinem Zeltplatz in
den Dünen.

> hohe Bäume – kreischende Möwen – bunte Drachen – schneebedeckte Berge
> – ein in den Wellen schaukelndes Segelboot – ein Feuerwerk über dunklen
> Seen – einen lauernden Tiger – fremdartige Blumen – hohe Wellen – weiße
> Wolken

KV 32.2 MODELLTEXT (LÖSUNG VON ARBEITSBLATT A)

Ich sehe
fremdartige Blumen,
einen lauernden Tiger,
hohe Bäume,
schneebedeckte Berge
und ein Feuerwerk über dunklen Seen,
wenn ich dir lange und tief
in die Augen schaue.

Ich sehe
weiße Wolken,
kreischende Möwen,
hohe Wellen,
bunte Drachen
und ein in den Wellen schaukelndes
Segelboot
von meinem Zeltplatz in den Dünen.

Rekonstruktion eines weiteren Modelltextes

1 Teilen Sie Kopien der KV 32.3 (Arbeitsblatt B) an die TN aus oder schreiben Sie die Lückentexte sowie die Wörter, die eingesetzt werden sollen, an die Tafel. Gehen Sie dann genauso vor wie für die Rekonstruktion des Modelltextes beschrieben wurde.

2 Nachdem einige TN ihre Texte vorgelesen haben, können Sie den Modelltext 2 (KV 32.4) als Lösung präsentieren.

KV 32.3 ARBEITSBLATT B

Es gibt

_____

_____

_____

_____

und _____
in dem Film,
den ich drehen möchte.

Es gibt

_____

_____

_____

_____

und _____
in der Stadt,
in der ich nicht mehr länger leben möchte.

> eine staubige Straße – zu viele lärmende Autos – zu viele korrupte Politiker – einen tollkühnen Sheriff – zwei tote Gangster – zu viel grauen Beton – eine kleine Stadt – eine ausgeraubte Postkutsche – zu viele stinkende Fabriken – zu viele gehetzte Menschen

Sprachsensibilisierung (optional): Weisen Sie darauf hin, dass unbestimmte Zahlwörter mit Endungen *(viele, einige, mehrere, wenige, etliche,* usw.) wie Adjektive dekliniert werden.

KV 32.4 MODELLTEXT 2 (LÖSUNG ARBEITSBLATT B)

Es gibt
eine ausgeraubte Postkutsche,
eine kleine Stadt,
eine staubige Straße,
einen tollkühnen Sheriff
und zwei tote Gangster
in dem Film,
den ich drehen möchte.

Es gibt
zu viel grauen Beton,
zu viele lärmende Autos,
zu viele stinkende Fabriken,
zu viele gehetzte Menschen
und zu viele korrupte Politiker
in der Stadt,
in der ich nicht mehr länger leben möchte.

C Kreatives Schreiben

1 Die TN schreiben ihre eigenen Texte, wobei die Lückentexte auf den beiden Arbeitsblättern als Modell dienen. Sie können auch ein Textskelett ohne die letzten beiden Zeilen der Arbeitsblätter und verschiedene Möglichkeiten für den Textschluss vorgeben, z.B.:

… wenn ich während des Unterrichts träume.
… wenn ich mich an … erinnere.

… wenn ich an … denke.
… wenn ich mit meinem Paragleiter ins Tal schwebe.
… in dem Klassenzimmer, das mir gefällt.
… in dem Bild, das ich malen möchte.
… dort, wo ich Urlaub machen möchte.

2 Regen Sie die TN dazu an, in ihren Texten auch Wörter wie *kein-, zu wenig/zu wenige, kaum ein-, zu viel/zu viele, mehr/mehrere* usw. zu verwenden.

Präsentation im Plenum

Die Texte werden vorgelesen oder an den Wänden des Klassenzimmers aufgehängt, so dass die TN alle Texte lesen können.

VARIANTE

Wenn Sie mit dieser Unterrichtseinheit ausschließlich attributive Adjektive üben möchten, müssten Sie die Partizipialkonstruktionen in den Modelltexten durch attributive Adjektive ersetzen (Variante 1). Mit Variante 2 können Sie Relativsätze (eventuell mit dem Präteritum) üben.

VARIANTE 1: Attributive Adjektive

*Ich sehe
fremdartige Blumen,
einen gefährlichen Tiger,
hohe Bäume,
weiße Berggipfel
und ein prächtiges Feuerwerk über einem dunklen See,
wenn ich dir lange und tief in die Augen schaue.*

*(Niveau: **1**-**2**-3-4-5)*

VARIANTE 2: Relativsätze

*Da gab es
zwei Gangster, die eine Postkutsche ausraubten,
eine kleine Stadt, in der die Gangster untertauchen wollten,
korrupte Rancher, die den Gangstern halfen,
einen Sheriff, der furchtlos das Gesetz vertrat,
eine Straße, auf der es zum großen Duell kam,
und ein Finale, in dem der Sheriff siegreich blieb,
in dem Film, den ich gestern im Fernsehen gesehen habe.*

*(Niveau: 1-**2**-**3**-4-5)*

<u>TEXT EINES TN</u>

Es gibt
einen Vogel,
einen Hund,
vier hübsche Katzen,
eine große und dicke Maus
und ein großes langes Aquarium
mit vielen Fischen
in dem Tiergeschäft,
an dem ich jeden Tag vorbeigehe.

33 Tiere findet sie toll

Grammatik: Inversion

Sprechintention: Vorlieben ausdrücken

Niveau: **1**-2-3-4-5

Dauer: 30 Minuten

Materialien: Eventuell Modelltext KV 33.1 auf einer Folie für den OHP

B Präsentation und Rekonstruktion des Modelltextes

Imaginationsübung

1 Präsentieren Sie den Modelltext KV 33.1 mit Hilfe des OHPs oder schreiben Sie ihn an die Tafel. Lesen Sie den Text laut vor.
2 Fordern Sie danach die TN auf, die Augen zu schließen und sich vorzustellen, wie das Mädchen, das im Text beschrieben wird, aussehen könnte. Lesen Sie den Text ein zweites Mal vor.
3 Stellen Sie den TN dann einige Fragen über das Aussehen des Mädchens.

KV 33.1 MODELLTEXT

Tiere
findet sie toll.
Blumen
findet sie hübsch.
Gute Geschichten
findet sie einfach wunderbar.
Aber Lügen
findet sie abscheulich.

Sprachsensibilisierung (optional): Die TN sollen im Modelltext die Subjekte identifizieren. Erklären Sie den TN, dass im Aussagesatz das Subjekt nicht immer an Position 1 (= Vorfeld) steht. Wenn ein anderes Satzglied an Position 1 steht, dann steht das Subjekt hinter dem (finiten) Verb an Position 3 (= am Beginn des Mittelfelds).

Mündliche Textrekonstruktion

Löschen Sie dann alle Wörter des Textes bis auf die Verphrasen „findet sie" (2., 4., 6. und 8 Zeile) und die Konjunktion „Aber" in der vorletzten Zeile von der Tafel oder decken Sie die entsprechenden Wörter und Zeilen auf der Folie mit Hilfe von Papierstreifen ab. Fordern Sie die TN dann auf, den kompletten Text im Chor zu wiederholen.

C Kreatives Schreiben

Die TN sollen die Augen schließen und an eine Person denken, über die sie schreiben wollen. Fordern Sie sie anschließend auf, mit Hilfe des Textskeletts eigene Texte zu schreiben. Natürlich können sie dabei auch „er" statt „sie" verwenden. Regen Sie die TN auch dazu an, Titel für ihre Texte zu finden.

VARIANTE

Sie können mit dem leicht geänderten Modelltext (s.u.) auch attributive Adjektive üben. Dann sollten Sie am Beginn der Unterrichtseinheit folgendermaßen vorgehen:

1 Bilden Sie Gruppen zu je drei TN. Jede Gruppe soll eine Liste mit zwanzig Nomen und zwanzig Adjektiven aufschreiben.

2 Die Gruppen verfassen eine Kopie ihrer Liste und geben diese an die Nachbargruppe weiter.

3 Somit verfügt nun jede Gruppe über zwei Listen mit insgesamt vierzig Nomen und vierzig Adjektiven. Bei der Textproduktion können die TN auf diese Listen zurückgreifen und sich von dort Anregungen holen.

Attributive Adjektive

Spannende Krimis
findet sie toll.
Einen bunten Blumenstrauß
findet sie hübsch.
Einen freien Tag mehr in der Woche
findet sie einfach wunderbar.
Aber die schmutzigen Hemden im Wäschekorb
findet sie abscheulich.

*(Niveau: 1-**2-3**-4-5)*

34 Fragen, die ich mag – Fragen, die ich hasse

Grammatik: Fragesätze

Sprechintention: Persönliche Informationen erfragen

Niveau: 1-**2**-3-4 5

Dauer: 60 bis 80 Minuten

Materialien: Eventuell den Lückentext KV 34.1 auf einer Folie für den OHP

A Thematische Einstimmung

Fragen finden

1 Erklären Sie den TN, dass sie einige Dinge an die Tafel schreiben werden, die sich auf Ihr persönliches Leben beziehen. Die Ausdrücke (Wörter oder kurze Phrasen) stellen Antworten dar, zu denen die TN die passenden Fragen suchen müssen. Zum Beispiel:

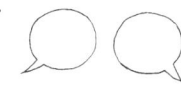

„Seit 17 Jahren."   (Frage: „Wie lange sind Sie schon Lehrerin/Lehrer?")
„Nach Koroni."   (Frage: „Wohin fahren Sie dieses Jahr in den Urlaub?")
„Rot."   (Frage: „Welche Farbe hat Ihr Auto?")
„Ja, seit 1981."   (Frage: „Sind Sie verheiratet?")

Um längere Pausen der Ratlosigkeit zu vermeiden, können Sie mit Hilfe von Gestik oder Mimik Andeutungen machen.

2 Immer wenn jemand eine der Fragen richtig erraten hat, haken Sie das betreffende Wort an der Tafel ab. Beachten Sie, dass die Wörter an der Tafel sich unbedingt auf Sie persönlich beziehen müssen, um die Übung für die TN motivierend zu machen.

Sprachsensibilisierung (optional): Machen Sie die TN auf die Wortstellung bei Fragesätzen aufmerksam. In Ergänzungsfragen steht das Verb hinter dem Fragewort an Position 2, danach kommt meist das Subjekt an Position 3. Entscheidungsfragen beginnen immer mit dem Verb, danach kommt das Subjekt.

Bei Ergänzungsfragen fällt die Sprechmelodie (Intonation) meist, bei Entscheidungsfragen steigt die Sprechmelodie.

Interview

1 Die TN sollen sich vorstellen, dass sie ein persönliches Interview mit Ihnen durchführen. Dazu sollen sie sich einige Fragen überlegen und notieren. Geben Sie soviel Zeit, dass jeder TN sich mindestens drei Fragen ausdenken kann.

2 Dann geben Sie folgende Anweisungen:

KL: „Schließt eure Augen und stellt euch vor, ihr stellt mir jetzt eure Fragen, eine nach der anderen. Stellt euch auch vor, welche Antworten ich euch gebe. Lasst euch Zeit. Sobald ihr zu wissen glaubt, was ich sagen werde, öffnet eure Augen und schreibt die Antworten auf, die ihr von mir erwartet."

3 Die TN vergleichen dann in Partner- oder Gruppenarbeit die Fragen und die erwarteten Antworten.

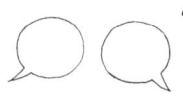

4 Lassen Sie die TN jetzt einen Halbkreis bilden. Sie sitzen in der Mitte. Erklären Sie, dass Sie jetzt alle Fragen so offen wie möglich beantworten werden. Erklären Sie auch, dass es sein könnte, dass Sie eine Frage nicht beantworten wollen; dann werden Sie ganz einfach sagen, dass Ihnen diese Frage zu persönlich sei.

5 Nachdem die TN ihre Fragen gestellt haben, werden die erwarteten Antworten mit den Antworten, die Sie gegeben haben, verglichen. Das kann im Plenum oder in Gruppenarbeit geschehen. Diese Aktivität kann nicht nur intensive Diskussionen im Kurs auslösen, sondern kann Ihnen auch zeigen, wie Ihre TN Sie einschätzen.

Variation: Sofort nachdem Sie eine Frage beantwortet haben, lassen Sie die TN die erwartete Antwort mit der von Ihnen gegebenen Antwort vergleichen.

B Präsentation und Rekonstruktion des Modelltextes

Textlücken erraten

Zeigen Sie den Lückentext KV 34.1 auf einer Folie am OHP oder schreiben Sie ihn an die Tafel. Fordern Sie die TN auf, die fehlenden Wörter zu erraten. Immer wenn ein Wort richtig erraten wird, setzen Sie es ein.

Wir haben KL beobachtet, die mit Hilfe von Mimik, Gestik, Nicken und stummem Artikulieren der Wörter ganze Texte mit ihren TN rekonstruiert haben, ohne selbst ein einziges Wort zu sagen. Wenn Sie eine direktere Methode der Textrekonstruktion vorziehen, geben Sie den Anfangsbuchstaben jedes Wortes an und lassen Sie die TN raten.

T?XT SK? L?TT

KV 34.1 LÜCKENTEXT

Wann _____ _____ _____ _____?
Warum _____ _____ _____ _____ _____?
Warum _____ _____ _____ _____, _____ _____ _____ _____?
____ _____ diese drei Fragen.
Kann _____ _____ _____ _____ _____?
Denkst _____, _____ _____ _____ _____ _____?
Was _____ _____ _____?
_____ _____ diese drei Fragen.

KV 34.2 MODELLTEXT (AUFLÖSUNG)

Wann machst du das endlich?
Warum bist du nicht früher gekommen?
Warum denkst du nicht nach, bevor du etwas sagst?
Ich hasse diese drei Fragen.

Kann ich mit dir reden?
Denkst du, dass ich das Richtige getan habe?
Was ist deine Lieblingsmusik?
Ich mag diese drei Fragen.

Spekulationen über den Modelltext anstellen

1 Lassen Sie Ihre TN in Partnerarbeit arbeiten. Sie sollen sich möglichst viele Details über die Person ausdenken, die den obigen Text geschrieben hat. Geben Sie als Hilfestellung einige Fragen vor, zum Beispiel:

Wie alt ist diese Person eurer Meinung nach?
Wie sieht sie aus?
Welche Interessen hat sie?
Glaubt ihr, dass es interessant wäre, mit dieser Person zu sprechen? Warum/warum nicht? (Begründet eure Meinung.)
Wer stellt wohl die Fragen? Ist es immer dieselbe Person?
Wählt eine Frage aus dem Text aus. Was ist in dieser Situation wirklich passiert?

2 Die Paare sollen dann im Plenum über ihre Ergebnisse berichten.

Mündliche Rekonstruktion

1 Bitten Sie die TN, den Modelltext an der Tafel oder auf der OHP-Folie einige Zeit anzusehen. Während die TN den Text noch betrachten, beginnen Sie, nach und nach Wörter davon abzulöschen oder mit Kärtchen abzudecken. Lassen Sie zum Schluß nur noch die zwei Wörter „Fragen" (Zeile 4 und letzte Zeile) sowie die Satzzeichen stehen.
2 Bitten Sie dann einige TN, den Text mündlich zu rekonstruieren.

C Kreatives Schreiben

Die TN sollen jetzt einen eigenen Text schreiben und sich dabei an die Struktur des Modelltextes halten. Weisen Sie darauf hin, dass sie dabei so viele Fragen verwenden können, wie sie möchten.

Texte austauschen

Fordern Sie die TN auf, aufzustehen und sich in der Klasse einen Partner zu suchen. Die Partner lesen sich die Texte dann gegenseitig vor. Unter Umständen kann daraus ein lebhaftes Gespräch entstehen. Wenn ein Paar fertig ist, sucht sich jeder TN einen neuen Partner, dem der Text wieder vorgelesen wird.

VARIANTE

Etwas abgewandelt eignet sich der Modelltext auch zum Üben indirekter Fragesätze.

Indirekte Fragesätze

*Er möchte wissen, ob ich den Brief schon geschrieben habe,
er möchte wissen, wann ich nach Hause komme,
er möchte wissen, warum ich gestern nicht angerufen habe.
Ich hasse diese Fragen.*

Er möchte wissen, ob mich etwas bedrückt,
er möchte wissen, was er mir kochen soll,
er möchte wissen, warum ich traurig bin.
Ich liebe diese Fragen.

*(Niveau: 1-2-**3**-4-5)*

TEXT EINES TN

Hast du dein Zimmer aufgeräumt?
Was ist mit dir los?
Hast du gekocht?
Ich hasse diese drei Fragen!
Essen wir?
Gehen wir in die Diskothek?
Möchtest du mich in den Armen halten?
Ich mag diese drei Fragen!

35 Und trotzdem freue ich mich

Grammatik: Nebensätze mit *obwohl*, Perfekt

Sprechintention: Erzählen, Gegensätze formulieren

Niveau: 1-**2**-**3**-4-5

Dauer: 50 Minuten

Materialien: Keine

A Thematische Einstimmung

Von Missgeschicken erzählen

1   Fordern Sie die TN auf, 6 Tätigkeiten aufzuschreiben, die sie am Vortag gemacht haben. Schreiben Sie einige persönliche Beispiele an die Tafel:

Ich bin um acht Uhr aufgestanden.

Ich habe mich gewaschen und angezogen.

(...)

2 Die TN sollen jetzt das, was sie aufgeschrieben haben, verändern. Dabei sollen sie sich vorstellen, dass nicht alles so geklappt hat, wie sie es erlebt haben, sondern dass ihnen Missgeschicke passiert oder sonstige Probleme aufgetaucht sind. Die TN sollen drei fiktive Missgeschicke formulieren. Geben Sie ein Beispiel, indem Sie Ihre Sätze an der Tafel umschreiben:

Ich bin um acht Uhr aufgestanden. → *Ich habe verschlafen.*
Mein Wecker hat nicht geläutet.

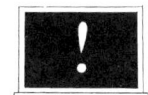

3 Alle TN schreiben ihre Namen auf Kärtchen.
4 Die TN erzählen ihrem Nachbarn von ihren Missgeschicken. Der Partner hört gut zu und versucht, sich die Ereignisse zu merken. Dann erzählt er von seinen Missgeschicken. Zum Beispiel:

Maria zu José: „Ich bin in ein Kaufhaus gegangen, habe eingekauft und dann festgestellt, dass ich meinen Geldbeutel vergessen habe …"
José zu Maria: „Ich mußte um 9 Uhr zum Zahnarzt, aber mein Wecker hat nicht geklingelt, und ich habe verschlafen. …"

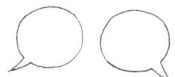

5 Die TN tauschen ihre Namenskärtchen aus und suchen sich dann neue Partner. Sie schlüpfen in die Rolle ihres vorherigen Partners, stellen sich unter dessen Namen vor und erzählen von den gehörten Problemen. Der neue Partner erzählt ebenfalls in der Rolle seines vorigen Partners. Die Namenskärtchen helfen dabei, in die Rolle des vorigen Partners zu schlüpfen. Zum Beispiel:

Maria zu Emir: „Ich bin José. Gestern ist mir Folgendes passiert: Ich musste um 9 Uhr zum Zahnarzt, aber mein Wecker hat nicht geklingelt und ich habe verschlafen…"
Emir zu Maria: „Ich bin Marco. Mir ist gestern etwas Dummes passiert …"

6 Die TN wechseln nochmals zuerst die Namenskärtchen und dann die Partner. Dann erzählen sie den neuen Partnern von den soeben gehörten Problemen, so gut sie sich diese eben gemerkt haben. Dabei übernehmen sie wieder die Rolle ihres vorigen Gesprächspartners, in unserem Beispiel:

Maria spricht jetzt mit Manuel und erzählt ihm von Marcos Problemen (die sie eigentlich von Emir gehört hat): „Ich bin Marco. Gestern ist mir etwas Dummes passiert …"

7 Lassen Sie die TN noch zweimal die Partner wechseln und fordern Sie sie dann auf, zu dem TN zu gehen, von dessen Problemen sie zuletzt gehört haben. Dort sollen sie berichten, was sie soeben gehört haben, und sich erzählen lassen, wie die Geschichte tatsächlich lautet. Oft sind die Unterschiede zwischen beiden Versionen ziemlich groß.
8 Lassen Sie einige TN über Unterschiede berichten zwischen dem, was sie ihrem ersten Partner als Missgeschick erzählt haben und dem, was sie am Ende der Übung von einem anderen TN darüber gehört haben.

VARIATION

Wenn Ihre TN schon in dieser Phase Nebensätze mit *obwohl* üben sollen, dann lassen Sie die fiktiven Missgeschicke folgendermaßen formulieren:

„Gestern war ein guter Tag für mich, obwohl ich verschlafen habe und obwohl ich meine Socken nicht finden konnte."

B Präsentation und Rekonstruktion des Modelltextes

1 Schreiben Sie den Modelltext an die Tafel.

KV 35.1 MODELLTEXT

Obwohl ich zu spät aufgestanden bin,
obwohl ich den Toast verbrannt habe,
obwohl ich einen grünen und einen blauen Socken angezogen habe,
obwohl ich den Bus versäumt habe
und obwohl ich meine Hausschlüssel irgendwo liegen gelassen habe,
lache ich über das ganze Gesicht,
weil sie mir in der Mittagspause zugezwinkert hat.

2 Löschen Sie einige Wörter in verschiedenen Zeilen aus und lassen Sie dann den Text von einem TN laut vorlesen. Dabei sollen die fehlenden Wörter ergänzt werden.

3 Entfernen Sie ein oder zwei weitere Wörter und lassen Sie den Text erneut von einem anderen TN vorlesen.

4 Wiederholen Sie diesen Vorgang, bis nichts mehr an der Tafel steht. Wenn ein TN eines der Wörter vergessen hat, zeigen Sie an die Stelle der Tafel, an der das Wort gestanden hat, oder helfen Sie, indem Sie das Wort vorsagen, ohne Ihre Stimme einzusetzen.

5 Die TN sollen zum Schluss in Partnerarbeit den Text aufschreiben.

C Kreatives Schreiben

Die TN schreiben auf der Basis des Modelltextes eigene Texte. Geben Sie an der Tafel folgende Textstruktur vor:

Obwohl _____,
obwohl _____,
obwohl _____,
und obwohl _____,
_____
weil _____.

VARIANTE

Wenn Sie den Modelltext ein wenig verändern, können Sie damit auch das Perfekt (Variante 1), das Perfekt mit Modalverben (Variante 2), das Präteritum von Modalverben (Variante 3), eventuell im Passiv, oder Konjunktiv Perfekt mit oder ohne Modalverben (Variante 4) üben. Wenn Sie die Variante 2 einsetzen wollen, sollen die TN für die einleitende Übung Dinge aufschreiben, die sie hätten erledigen sollen, aber aus verschiedenen Gründen nicht erledigen konnten.

VARIANTE 1: Perfekt

Ich bin zu spät aufgestanden.
Ich habe den Toast verbrannt.
(…)
Trotzdem lache ich über das ganze Gesicht,
weil sie mir in der Mittagspause zugezwinkert hat.

*(Niveau: 1-**2**-3-4-5)*

VARIANTE 2: Perfekt mit Modalverben

*Ich habe die Vokabeln nicht lernen können,
ich habe die Rechenaufgaben nicht lösen können,
ich habe mich auf den Biologietest nicht vorbereiten können,
ich habe den Aufsatz nicht schreiben können,
ich habe gestern an überhaupt nichts anderes denken können
als daran, dass sie mir endlich zugelächelt hat.*

*(Niveau: 1-2-**3**-4-5)*

VARIANTE 3: Präteritum der Modalverben

Ich konnte die Vokabeln nicht lernen (…)

*(Niveau: 1-**2**-3-4-5)*

VARIANTE 4: Konjunktiv II der Vergangenheit

Ich hätte Vokabeln lernen sollen (…)

*(Niveau: 1-2-**3-4**-5)*

TEXT EINES TN

Obwohl ich schon sechs Monate
in Persien Deutsch gelernt habe,
obwohl ich seit einem Jahr hier bin,
obwohl ich viele Aufsätze schreibe,
obwohl ich immer in den Kurs komme,
obwohl ich schon viele verschiedene Wörter
gelernt habe,
fühle ich mich mit der deutschen Sprache
nicht wohl. Zum Glück motivieren mich
meine Lehrerinnen, weil ich wirklich lernen will,
und sie sehr nett zu mir sind.

36 Was ist mit dir los?

Grammatik: Nebensätze mit *weil* und *obwohl*

Sprechintention: Begründen

Niveau: 1-**2**-**3**-4-5

Dauer: 2 Einheiten zu je 50 Minuten

Materialien: Eventuell zwei Geschichten aus der einleitenden Übung (Schritt 1) auf einer Folie für den OHP (KV 36.1), Kopien der Listen A und B (KV 36.2) in Klassenstärke, für je drei TN eine Kopie des Arbeitsblattes (KV 36.4), zwei bis drei Kopien der Ergänzungsliste (KV 36.3)

Vorbereitung: Zerschneiden Sie einige Kopien von Liste A und Liste B (KV 36.2), so dass jeder Satz auf jeweils einem Papierstreifen steht.

Erste Unterrichtseinheit

A Thematische Einstimmung

„Mysteriöse Geschichten" – Erklärungen suchen

1 Präsentieren Sie den TN eine oder zwei der folgenden mysteriösen Geschichten oder erzählen Sie von mysteriösen Situationen, die Sie selbst erlebt haben:

<u>KV 36.1</u>

<u>Geschichte 1:</u> Ein Mann findet in der Zeitung eine Anzeige, in der ein fast neuer Porsche um fünfzig Schilling (10 DM) zum Verkauf angeboten wird. Er wählt sofort die angegebene Telefonnummer und kann den Porsche wirklich um fünfzig Schilling erwerben.
<u>Geschichte 2:</u> Herr Müller wohnt im 42. Stock eines Hochhauses in Frankfurt. Jeden Tag verlässt er seine Wohnung und fährt zur Arbeit. Abends, wenn er nach Hause kommt, fährt er mit dem Lift bis zum 40. Stock und geht die restlichen beiden Stockwerke zu Fuß.
<u>Geschichte 3:</u> Eine Frau kommt in eine Bar und bestellt ein Glas Wasser. Der Kellner gibt ihr das Wasser. Sie trinkt. Plötzlich richtet der Kellner eine Pistole auf sie. Die Frau lächelt, bedankt sich und verlässt die Bar.
<u>Geschichte 4:</u> Ein Mann fährt mit dem Zug in die Hauptstadt, um dort einen berühmten Arzt aufzusuchen. Auf der Heimfahrt begeht der Mann Selbstmord: Er springt aus dem fahrenden Zug.

2 Die TN schreiben so viele Sätze wie möglich auf, in denen sie Gründe für das sonderbare Verhalten der Personen angeben.

3 Sie können als Hilfestellung folgende Strukturen an die Tafel schreiben (natürlich müssen die Satzanfänge zu den Geschichten passen, die Sie ausgewählt haben):

> *Der Porsche ist so billig, weil/da/denn …*
>
> *Herr Müller geht zu Fuß, weil/da/denn …*
>
> *Die Frau in der Bar bedankt sich beim Kellner, weil/da/denn …*
>
> *Der Mann im Zug begeht Selbstmord, weil/da/denn …*

Sprachsensibilisierung (optional): Weisen Sie die TN darauf hin, dass es mehrere Möglichkeiten gibt, Gründe für einen Sachverhalt anzugeben. Die Satzstruktur ändert sich, je nachdem welche Möglichkeit gewählt wird. Zum Beispiel:

Der Porsche ist so billig, weil/da er nur ein Spielzeugauto ist.
Der Porsche ist so billig, denn er ist nur ein Spielzeugauto.

In fortgeschritteneren Gruppen könnten Sie eventuell auch die Adverbien *nämlich* und *deshalb* als Möglichkeiten präsentieren, etwas zu begründen:

Der Porsche ist billig, er ist nämlich nur ein Spielzeugauto.
Der Porsche ist ein Spielzeugauto, deshalb ist er so billig.

Die TN müssen darauf achten, ob sie für die Begründung eine Konjunktion mit Hauptsatz *(denn)*, eine Konjunktion mit Nebensatz *(weil, da)* oder ein Adverb *(nämlich, deshalb)* wählen. Dementsprechend ändert sich die Wortstellung.

4 Wenn alle TN mindestens vier Erklärungen aufgeschrieben haben, sollen sie in Vierergruppen ihre Ideen vergleichen, die besten zwei auswählen und sie den anderen TN im Plenum mitteilen.

5 Wenn es eine Lösung für die Geschichte gibt, das heißt, wenn Sie eine Erklärung für die sonderbare Situation geben können, geben Sie diese den TN bekannt.

MÖGLICHE LÖSUNGEN FÜR DIE MYSTERIÖSEN GESCHICHTEN:

Geschichte 1: Der Porsche gehörte einem reichen Kaufmann. Als er starb, stand in seinem Testament, der Porsche müsse verkauft und das Geld dafür seiner Sekretärin gegeben werden. Als die Witwe des Kaufmannes herausfand, dass die Sekretärin die Geliebte ihres Mannes gewesen war, verkaufte sie den Porsche um fünfzig Schilling.

Geschichte 2: Herr Müller ist so klein, dass er im Fahrstuhl nur den Knopf für das 40. Stockwerk erreicht.

Geschichte 3: Die Frau hatte Schluckauf, daher bestellte sie sich ein Glas Wasser, das sie austrank. Da sie aber danach immer noch an Schluckauf litt, richtete der Kellner eine Pistole auf sie und erschreckte sie damit. Das half, und die Frau bedankte sich dafür.

Geschichte 4: Der Mann im Zug war blind. Er besuchte einen berühmten Arzt in der Hauptstadt, der ihm half und ihn heilte. Auf der Rückfahrt fuhr der Zug durch einen langen Tunnel. Der Mann dachte, dass er wieder blind werden würde, und sprang aus dem Zug.

Heute ist alles anders

1 Die TN sollen kleine Gruppen bilden. Achten Sie darauf, dass Sie eine gerade Zahl von Gruppen erhalten, das heißt entweder zwei, vier, sechs, acht oder zehn Gruppen.

2 Teilen Sie Liste A an die erste, dritte, fünfte usw. Gruppe aus und Liste B an die zweite, vierte, sechste usw. Gruppe.

3 Die TN sollen auf einem Blatt Papier für jede Tätigkeit auf ihrer Liste ein Gegenteil bzw. eine „Gegentätigkeit" formulieren. Dabei ist es nicht erlaubt, den vorgegebenen Satz einfach zu negieren. Geben Sie ein Beispiel:

Er kommt nach Hause. → *Gegenteil: Er geht aus.*

Wenn es bei einigen Tätigkeiten mehrere Möglichkeiten gibt, sollen die TN sich für eine entscheiden.

KV 36.2

Liste A	Liste B
Er sieht fern.	Er geht einkaufen.
Er geht schwimmen.	Er schläft lange.
Er isst Schokolade.	Er lernt Vokabeln.
Er kauft sich eine teure Stereoanlage.	Er kocht Spaghetti.
Er spielt im Stadtpark Fußball.	Er arbeitet viel.
Er geht in die Kirche.	Er pflanzt Salat.
Er liest ein Buch.	Er bügelt Hemden.
Er trocknet das Geschirr ab.	Er schreibt einen Brief.
Er räumt sein Zimmer auf.	Er sucht seinen Schirm.

4 Die Gruppen, die die Liste A bearbeitet haben, geben ihre Listen mit „Gegentätigkeiten" nun an eine B-Gruppe weiter und umgekehrt. Gleichzeitig erhalten die A-Gruppen von Ihnen jeweils eine zerschnittene Kopie der Liste B, die B-Gruppen eine zerschnittene Version der Liste A.

5 Die TN ordnen die soeben erhaltenen Sätze den Tätigkeiten auf den Listen ihrer Kollegen zu. Dabei sollen sie Sätze mit *obwohl* bilden und aufschreiben. Geben Sie ein Beispiel und die Satzstruktur an der Tafel vor:

> *Er geht heute schon aus dem Haus, obwohl er sonst eigentlich um diese Zeit erst nach Hause kommt.*
>
> *Er ... , obwohl er ... sonst lieber/meistens/eigentlich ...*

Sprachsensibilisierung (optional): Machen Sie den TN bewusst, dass die Konjunktion *obwohl* immer dann benutzt wird, wenn die Handlung im Nebensatz im Gegensatz zur Handlung im Hauptsatz steht. Die Konjunktionen *obgleich* und *obschon* haben dieselbe Bedeutung, werden aber nur selten verwendet.

6 Ein Gruppenmitglied liest die Ergebnisse vor.

7 Die fertigen Sätze werden verdeckt, und jeder TN wiederholt aus dem Gedächtnis einen Satz, der ihn besonders angesprochen hat. Dabei können einzelne Sätze durchaus mehrmals gesprochen werden.

Zweite Unterrichtseinheit

B Präsentation und Rekonstruktion des Modelltextes

1 Die TN bilden Dreiergruppen.

2 Legen Sie an einem Platz in der Klasse, der von allen Gruppen etwa gleich weit entfernt ist, drei oder vier Kopien der Liste KV 36.3 aus.

KV 36.3 ERGÄNZUNGSLISTE

du heute frei hast
sie heute morgen in der Straßenbahn einen interessanten Menschen kennengelernt hat
du abnehmen wolltest
du Komödien liebst
sie sich auf das neue Buch freut
ich dir nichts getan habe
sie alle Menschen anlächeln
du ein Buch lesen wolltest
die Sonne scheint

3 Jede Gruppe bestimmt nun einen „Sekretär" oder eine „Sekretärin", der/die von Ihnen eine Kopie des Arbeitsblattes KV 36.4 erhält. Geben Sie genug Zeit, damit alle TN diese Lückentexte zunächst durchlesen können. Erklären Sie gegebenenfalls unbekannte Wörter.

4 Die anderen zwei Gruppenmitglieder sind „Läufer". Sie sollen nun abwechselnd zu dem Platz gehen, auf dem die Listen liegen, sich von den Texten soviel wie möglich merken, zu den Sekretären bzw. Sekretärinnen zurückkehren und ihnen die Satzteile von den Listen diktieren.

5 Überlassen Sie die Wahl der Strategie bei der Rekonstruktion der Texte den TN. Achten Sie nur darauf, dass immer nur ein Läufer aus jeder Gruppe zu den Listen kommt.

6 Die TN lesen abschließend ihre Texte vor. Diskutieren Sie verschiedene Lösungsmöglichkeiten.

KV 36.4 ARBEITSBLATT

Modelltext A

Es geht ihr gut.
Warum?
Ganz einfach.
Weil _____,
weil _____,
weil _____und
weil _____.
Und morgen?
Morgen wird sie sicherlich wieder tausend Gründe finden,
warum das Leben schön ist.
So ist sie nun mal.

Modelltext B

Du bist gestresst,
obwohl_____.
Du schreist mich an,
obwohl _____.
Du frisst in dich hinein,
obwohl _____.
Du sitzt stundenlang vor dem Fernseher,
obwohl _____.
Du willst nicht mit mir ins Theater,
obwohl _____.
Sag einmal, was ist eigentlich mit dir los?

MODELLTEXT A

Es geht ihr gut.
Warum?
Ganz einfach.
Weil die Sonne scheint,
weil sie heute morgen in der Straßenbahn
einen interessanten Menschen kennengelernt hat,
weil sie sich auf das neue Buch freut und
weil sie alle Menschen anlächeln.
Und morgen?
Morgen wird sie sicherlich wieder tausend Gründe finden,
warum das Leben schön ist.
So ist sie nun mal.

MODELLTEXT B

Du bist gestresst, obwohl du heute frei hast.
Du schreist mich an,
obwohl ich dir nichts getan habe.
Du frisst in dich hinein,
obwohl du abnehmen wolltest.
Du sitzt stundenlang vor dem Fernseher,
obwohl du ein Buch lesen wolltest.
Du willst nicht mit mir ins Theater,
obwohl du Komödien liebst.
Sag einmal, was ist eigentlich mit dir los?

C Kreatives Schreiben

Auf der Basis der Modelltexte schreiben die TN eigene Texte. Dabei können Sie entweder nur Weil- oder Obwohl-Sätze oder auch beide Arten von Nebensätzen in einem Text verwenden.

TEXT EINES TN

Du siehst traurig aus. Warum?
Ganz einfach.
Weil du mich nie anrufst.
Weil ich auf dich lange gewartet habe.
Weil ich allein ins Kino gegangen
bin und weil der Film nicht gut
war.
Und du? Du fragst,
warum ich traurig aussehe.
Ich bin nicht traurig, sondern wütend!

VARIANTE

Wenn Sie Weil- und Obwohl-Sätze nicht gemeinsam in einer Unterrichtssequenz üben wollen, beschränken Sie sich auf die Präsentation nur eines Modelltextes mit der dazugehörenden Aktivität als thematische Einstimmung.

37 Ich möchte, dass er beim Essen nicht schlürft …

Grammatik: Nebensätze mit *wenn* und *dass*, Modalverb *mögen* bzw. *möchten*

Sprechintention: Kritik und Wünsche äußern

Niveau: 1-2-**3-4**-5

Dauer: 50 bis 60 Minuten

Materialien: Eventuell Papierstreifen, eventuell die KV 37.1 und die KV 37.2 auf jeweils einer Folie für den OHP

Vorbereitung: Kopieren oder schreiben Sie die Halbsätze aus der KV 37.2 auf eine Folie für den OHP. Wenn Sie keinen OHP zur Verfügung haben, schreiben Sie die Halbsätze auf Packpapier oder Kartonkärtchen.

A Thematische Einstimmung

Was ich nicht mag …

1 Erklären oder wiederholen Sie kurz anhand von zwei Beispielsätzen den Bedeutungsunterschied zwischen *mögen* und *möchten*:

Ich mag es nicht, wenn du beim Essen schmatzt.

Ich möchte, dass du beim Essen nicht schmatzt.

Sprachsensibilisierung (optional): Im ersten Satz bewertet der Sprecher das Verhalten seines Gesprächspartners, im zweiten Satz drückt er einen Wunsch oder eine Erwartung an seinen Gesprächspartner aus.

2 Bilden Sie drei Gruppen zu je drei bis fünf TN. Bitten Sie die Gruppen, Papierstreifen vorzubereiten, oder teilen Sie an jede Gruppe einige Papierstreifen aus.
3 Präsentieren Sie den Gruppen die Anweisungen A, B und C aus der KV 37.1 am OHP oder schreiben Sie die wichtigsten Informationen daraus an die Tafel.

KV 37.1

Gruppe A

Stellt euch vor, ihr seid jüngere Geschwister. Eure älteren Geschwister verlangen von euch häufig, dass ihr Dinge tut, die euch nicht gefallen. Ihr sollt jetzt möglichst viele Sätze auf Papierstreifen schreiben, die mit „Ich mag es nicht, wenn …" beginnen. Schreibt auch auf, was ihr von euren Geschwistern erwartet. Beginnt dann eure Sätze mit „Ich möchte, dass…".
Zum Beispiel: „Ich mag es nicht, wenn er/sie mir sagt (sie mir sagen), dass ich für den Nachtfilm noch zu klein bin." – „Ich möchte, dass sie mich auch einmal ins Kino mitnimmt."

Gruppe B

Stellt euch vor, ihr seid Eltern. Schreibt möglichst viele Sätze auf die Papierstreifen, in denen ihr sagt, was ihr von euren Kindern erwartet. Beginnt eure Sätze dann mit „Ich möchte, dass er/sie …". Schreibt auch auf, was euch nicht gefällt; beginnt dann mit „Ich mag es nicht, wenn er/sie …". Zum Beispiel: „Ich möchte, dass er/sie pünktlich nach Hause kommt." Oder: „Ich mag es nicht, wenn er/sie um elf Uhr nach Hause kommt."

Gruppe C

Stellt euch vor, ihr seid Kinder. Schreibt möglichst viele Sätze auf, in denen ihr sagt, was euch an euren Eltern nicht gefällt. Schreibt auch auf, was ihr von ihnen erwartet. Beginnt eure Sätze mit: „Ich mag es nicht, wenn sie …" und „Ich möchte, dass sie …" Zum Beispiel: „Ich mag es nicht, wenn sie mir immer sagen, wieviel Geld sie für mich ausgeben." Oder: „Ich möchte, dass sie nicht immer nach meinen Noten in der Schule fragen."

Hier sind weitere Ideen für die Gruppenarbeit, falls Sie eine größere Klasse unterrichten:

Gruppe D:

Stellt euch vor, ihr seid Lehrer/Unternehmer. Denkt an eure Schüler/Angestellten. Schreibt auf, was euch an ihnen nicht gefällt und was ihr von ihnen erwartet. Beginnt eure Sätze mit „Ich mag es nicht, wenn er/sie …" und „Ich möchte, dass er/sie …" Zum Beispiel: „Ich mag es nicht, wenn sie unpünktlich sind." Oder: „Ich möchte, dass sie fleißiger sind."

Gruppe E:

Stellt euch vor, ihr seid Schüler/Angestellte. Denkt an euren Lehrer/eure Chefin. Schreibt auf, was euch an ihm/ihr nicht gefällt und was Ihr von ihm/ihr erwartet.
Beispiel: „Ich mag es nicht, wenn er/sie sich über meine Fehler lustig macht." Oder: „Ich möchte, dass er/sie freundlicher ist."

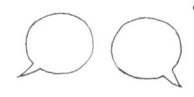

4 Sammeln Sie nach einiger Zeit die Papierstreifen mit den Sätzen ein. Lesen Sie die Sätze nun einzeln vor, wobei sie eventuelle Fehler sofort richtig stellen (ohne die Fehler zu analysieren). Die TN sollen raten, ob der Satz von „Eltern", „Kindern" oder „jüngeren Geschwistern" geschrieben wurde.

Aus der Erinnerung Sätze bilden

1 Präsentieren Sie kurz die folgenden Halbsätze mittels OHP, Kartonkärtchen oder Packpapierbogen. Fordern Sie die TN auf, sich möglichst viele der Halbsätze zu merken, ohne sich Notizen zu machen. (Wenn die TN wissen, dass für die Übung nicht viel Zeit zur Verfügung steht, ist die Konzentration gewöhnlich am höchsten.) Schalten Sie nach etwa einer Minute den OHP aus bzw. entfernen Sie das Packpapier. Wenn Sie Kartonkärtchen verwenden, zeigen Sie Ihren TN jedes Kärtchen nur kurz.

KV 37.2 HALBSÄTZE

Sei bitte	als ich.
Sag mir nicht ständig,	wann immer es dir passt.
Nimm nicht immer meine Sachen,	mich Dummkopf nennt.
Sie ist älter	freundlich.
Fall mir nicht ins Wort,	ohne zu fragen.
Ich mag es nicht, wenn sie	dass ich mich beeilen soll.

2 Die TN schreiben zuerst in Einzelarbeit möglichst viele Halbsätze aus dem Gedächtnis nieder, dann vergleichen und ergänzen sie ihre Notizen in Partnerarbeit.

3 Die TN diktieren Ihnen anschließend die Halbsätze und Sie schreiben diese an die Tafel.

4 Die TN versuchen, aus den Halbsätzen ganze Sätze zu bilden. Wenn zwei Halbsätze richtig zusammengefügt wurden, verbinden Sie diese an der Tafel mit einer Linie.

B Präsentation und Rekonstruktion des Modelltextes

1 Lesen Sie den Modelltext zunächst nicht vor. Schreiben Sie ihn lediglich in Skelettform an die Tafel, d.h. von jedem Wort nur den Anfangsbuchstaben, wobei die Länge der Lücken ungefähr mit der Länge der Wörter übereinstimmen soll, oder präsentieren Sie am OHP die Folie mit der KV 37.3.

2 Die TN sollen nun den Text „erraten". Dies funktioniert meist ohne (oder mit nur geringer) Lehrerhilfe, da die TN wesentliche Satzteile bzw. Wortgruppen aus der vorhergehenden Übung noch im Kurzzeitgedächtnis gespeichert haben.

KV 37.3 TEXTSKELETT

N__ g___,
s__ i__ d____ J_____ ä_____ a___ i__.
A___ i__ m__ e__ n___,
w___ s__ m___ „K_____" n___.
I__ m__ e__ n___,
w___ s__ m__ i__ W___ f____,
w__ i____ e_ i__ p___.
I__ m_____,
d___ s__ n___ i___ m____ S_____ n___,
o___ z_ f____.
U__ i__ m_____,
d___ s__ m__ n___ s_____ s___,
d__ i__ f_____ s___ s___.
S__ s___ d___ g_____
a__ s___ s_____ sch____!

3 Wenn der Text vervollständigt ist, bitten Sie die TN, die Augen zu schließen. Lesen Sie den Text nochmals langsam vor.

4 Sammeln Sie gemeinsam mit Ihren TN an der Tafel oder am OHP weitere Sätze, die dann als Anregung bei der selbständigen Textproduktion dienen können. Zum Beispiel:

Ich möchte nicht, dass er meine Cassetten anhört.

Ich mag es nicht, wenn mein Übungsheft kontrolliert wird.

Ich mag es nicht, wenn er rosa Nachthemden für mich kauft.

KV 37.4 MODELLTEXT

Na gut,
sie ist drei Jahre älter als ich.
Aber ich mag es nicht,
wenn sie mich „Kleiner" nennt.
Ich mag es nicht,
wenn sie mir ins Wort fällt,
wann immer es ihr passt.
Ich möchte,
dass sie nicht immer meine Sachen nimmt,
ohne zu fragen.
Und ich möchte,
dass sie mir nicht ständig sagt,
dass ich freundlich sein soll.
Sie soll doch gefälligst
auf sich selbst schauen!

C Kreatives Schreiben

Die TN sollen nun ihre eigenen Texte schreiben, wobei sie sich an die Grundstruktur des Modelltextes halten sollen. Geben Sie eventuell einige Anregungen, wie die Texte beginnen könnten. Zum Beispiel:

> *Na gut,*
>
> *er ist mein Vater/sie sind meine Eltern/sie ist meine Lehrerin, mein Freund,*
>
> *meine Freundin, meine Katze usw. Aber ich mag es nicht, wenn er/sie …*

VARIANTE

Wenn Sie mit Erwachsenen arbeiten, können Sie den Modelltext lexikalisch abwandeln oder Variante 1 verwenden. Mit Variante 2 können Sie den Konjunktiv II, mit Variante 3 den Imperativ üben.

VARIANTE 1: Für Erwachsene

Na gut,
er ist mein Freund.
Aber ich mag es nicht, wenn er die Suppe schlürft.
Ich mag es nicht, wenn er blaue Krawatten mit großen rosa Herzen trägt,
und ich mag es nicht, wenn er mir immer wieder erklärt,
dass seine Mutter besser kocht.
Ich möchte, dass er ein Antischuppen-Shampoo kauft,
und ich möchte, dass er ein anderes Rasierwasser verwendet.
Und wenn er das nicht tut,
– dann sage ich ihm „Auf Wiedersehen".

*(Niveau: 1-2-**3-4**-5)*

VARIANTE 2: Konjunktiv II

Na gut,
sie ist drei Jahre älter als ich.
Aber es wäre schön,
wenn sie mich nicht immer „Kleiner" nennen würde.
Es wäre schön,
wenn sie mir nicht immer ins Wort fallen würde.
Und es wäre schön,
wenn sie mich fragen würde,
bevor sie meine Sachen nimmt.
Außerdem soll sie mir nicht immer sagen,
dass ich freundlich sein soll.
Sie sollte lieber auf sich selbst schauen.

*(Niveau: 1-2-**3**-4-5)*

VARIANTE 3: Imperativ

Na gut,
du bist drei Jahre älter als ich.
Aber nenn mich bitte nicht immer „Kleiner".
Fall mir nicht immer ins Wort und
lass mich doch auch mal etwas sagen.
Frag mich doch, bevor du meine Sachen nimmst,
und sag mir nicht immer, dass ich freundlich sein soll.
Schau doch lieber auf dich selbst.

*(Niveau: 1-**2-3**-4-5)*

Crash ist mein Kater.
Er ist eine dicke, schmutzige und böse Katze.
Ich mag es nicht, wenn er seine Füße
nach dem Spazieren nicht putzt.
Ich mag es nicht,
wenn er mir tote Vögel und Mäuse bringt.
Ich mag es nicht,
wenn er mich um fünf Uhr
in der Früh zum Füttern aufweckt.
Und ich mag es nicht,
wenn er immer wieder weint,
weil er nicht genug Futter hat.
Hoffentlich ändert er sich noch!

38 Zu viele Fragen

> **Grammatik:** Indirekte Fragesätze
>
> **Sprechintention:** Höfliche Fragen stellen
>
> **Niveau:** 1-**2**-**3**-4-5
>
> **Dauer:** 50 bis 60 Minuten
>
> **Materialien:** Papierstreifen, Kopien des Arbeitsblattes KV 38.1 für jeweils zwei TN

A Thematische Einstimmung

1 Fordern Sie die TN auf, Dreier- oder Vierergruppen zu bilden.
2 Erklären Sie den TN, dass sie nun Fragen sammeln und auf Papierstreifen schreiben sollen, die typischerweise an bestimmte Personengruppen gerichtet werden. Geben Sie den einzelnen Gruppen die folgenden Anweisungen und notieren Sie die jeweiligen Personengruppen an der Tafel:

Gruppe A: „Welche Fragen stellen Teenager ihren Eltern?"
Gruppe B: „Welche Fragen stellen Eltern ihren halbwüchsigen Kindern?"

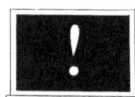

Gruppe C: „Welche Fragen stellen Lehrer ihren Schülern?"
Gruppe D: „Welche Fragen stellen Schüler ihren Lehrern?"
Gruppe E: „Welche Fragen stellen Ehemänner ihren Frauen?"
Gruppe F: „Welche Fragen stellen Ehefrauen ihren Männern?"

Weitere Möglichkeiten: Fragen, die Ausländern gestellt werden; Fragen, die Sportlern gestellt werden, Fragen, die Politikern gestellt werden.

3 Sammeln Sie dann die Papierstreifen ein, lesen Sie einzelne Fragen vor und lassen Sie die TN raten, zu welcher Personengruppe die vorgelesene Frage gehört.

B Präsentation und Rekonstruktion des Modelltextes

1 Geben Sie jeweils zwei TN eine Kopie des Arbeitsblattes KV 38.1 und erklären Sie ihnen, dass sie den Text richtig stellen sollen, indem sie die unterstrichenen Satzteile miteinander vertauschen.
2 Fordern Sie dann einige TN auf, ihre Texte laut vorzulesen.

Sprachsensibilisierung (optional): Machen Sie die TN auf die Wortstellung in den Fragesätzen aufmerksam. Wenn eine Frage durch einen anderen Satz eingeleitet wird, verändert sich die Wortstellung. Der Fragesatz wird formal zu einem Nebensatz. Bei Ergänzungsfragen wird das Fragewort zum Einleitungswort des Nebensatzes, bei Entscheidungsfragen (= Ja/Nein-Fragen) wird die Konjunktion *ob* verwendet. Durch die Einleitungen (z. B. *Können Sie mir sagen, …? Darf ich Sie fragen, …?*) können die Fragen höflicher werden.

KV 38.1 ARBEITSBLATT

Können Sie mir sagen, wie lange wir <u>morgen zum Essen gibt?</u>
Können Sie mir sagen, wann <u>noch fahren?</u>
Können Sie mir sagen, ob das <u>dieses Bild darstellt?</u>
Können Sie mir sagen, wo wir <u>Kirche gebaut hat?</u>
Können Sie mir sagen, warum <u>das Essen kommt?</u>
Können Sie mir sagen, wen <u>die Frauen graue Kopftücher tragen?</u>
Können Sie mir sagen, was es <u>Schwimmbecken geheizt ist?</u>
Können Sie mir sagen, wer die <u>günstig Schuhe kaufen können?</u>
Können Sie mir sagen, wessen <u>Jahr so heiß ist?</u>
Können Sie mir sagen, warum es dieses <u>Tasche auf meinem Platz liegt?</u>
Natürlich kann ich,
aber manchmal frage ich mich,
warum ich Reiseleiterin geworden bin.

KV 38.2 MODELLTEXT (LÖSUNG DES ARBEITSBLATTES)

Können Sie mir sagen, wie lange wir noch fahren?
Können Sie mir sagen, wann das Essen kommt?
Können Sie mir sagen, ob das Schwimmbecken geheizt ist?
Können Sie mir sagen, wo wir günstig Schuhe kaufen können?
Können Sie mir sagen, warum die Frauen graue Kopftücher tragen?
Können Sie mir sagen, wen dieses Bild darstellt?
Können Sie mir sagen, was es morgen zum Essen gibt?
Können Sie mir sagen, wer die Kirche gebaut hat?
Können Sie mir sagen, wessen Tasche auf meinem Platz liegt?
Können Sie mir sagen, warum es dieses Jahr so heiß ist?
Natürlich kann ich,
aber manchmal frage ich mich,
warum ich Reiseleiterin geworden bin.

C Kreatives Schreiben

Die TN sollen nun eigene Texte schreiben. Als Hilfestellung können Sie folgende Satzanfänge an die Tafel schreiben:

Können Sie/Kannst du mir sagen, …
Wissen Sie/Weißt du, …

Sagen Sie mir bitte/Sag mir bitte,…
Natürlich ….
aber manchmal ….

VARIANTE

Wenn Sie den einleitenden Satz für die indirekten Fragesätze variieren, können Sie mit dieser Einheit auch den Konjunktiv II in der Funktion „höfliche Fragen stellen" üben. (Zum Beipiel: Könnten Sie mir sagen, … Dürfte ich Sie fragen, .. usw.) In weniger fortgeschrittenen Gruppen können Sie auch uneingeleitete Fragesätze üben.

Uneingeleitete Fragesätze

Wie lange fahren wir noch?
Wann kommt denn das Essen?
Ist das Schwimmbecken geheizt?
Wo können wir günstige Schuhe kaufen?
Warum tragen die Frauen graue Kopftücher?
Wer ist das auf diesem Bild?
Was gibt es morgen zum Essen?
Wer hat die Kirche gebaut?
Wem gehört die Tasche hier auf meinem Platz?
Warum ist es dieses Jahr so heiß?
So viele Fragen!
Warum bin ich nur Reiseleiterin geworden?

*(Niveau: 1-**2**-3-4-5)*

TEXT EINES TN

Können Sie mir sagen, welche Linie das ist?
Wissen Sie, wohin wir fahren?
Könnten Sie mir sagen, wann wir abfahren?
Wissen Sie, wieviel die Rückfahrkarte kostet?
Sagen Sie mir bitte, wie lange die Fahrt
nach Graz dauert.
Können Sie mir sagen, ob um 23.00 Uhr
noch ein Bus fährt?
Natürlich kann ich, aber manchmal frage ich
mich, warum ich Busfahrer geworden bin.

39 Stört dich das wirklich?

Grammatik: Konditionalsätze mit Indikativ, Zeitangaben

Sprechintention: Kritik äußern und begründen

Niveau: 1-**2**-**3**-4-5

Dauer: 60 Minuten

Materialien: Kopien der KV 39.1 in Klassenstärke, das Textskelett KV 39.2 auf einer Folie für den OHP

A Thematische Einstimmung

Was stört mich eigentlich wirklich?

1 Geben Sie allen TN eine Kopie der Liste KV 39.1.

KV 39.1

Einige Leute …

… sprechen nur über sich selbst
… hören nie zu, wenn man mit ihnen spricht
… fahren aggressiv Auto
… geben Fehler nie zu
… haben Mundgeruch
… beißen an ihren Nägeln
… klopfen mit ihrem Kugelschreiber auf die Tischplatte, wenn du mit ihnen sprichst
… vergessen immer ihre Sachen
… lassen alles liegen
… spielen am Strand oder auf der Straße laute Musik
… machen sich immer Sorgen
… schauen dir nicht in die Augen, wenn du mit ihnen sprichst
… tragen schmuddelige Kleider
… waschen ihre Haare nicht regelmäßig
… bohren in aller Öffentlichkeit in der Nase
… sind bei Verabredungen nie pünktlich
… halten nie ihre Versprechen
… vergessen, was ausgemacht war
… tratschen sehr viel
… rauchen beim Essen
… schmatzen
… sprechen mit vollem Mund
… sind sehr heikel beim Essen
… telefonieren stundenlang
… verwenden laufend Schimpfwörter
… erzählen miese Witze
… geben ständig an
… schreiben unleserlich
… kommen sich sehr wichtig vor
… machen sich selbst immer schlechter als sie sind

2 Fordern Sie die TN auf, schriftlich sechs Sätze mit Nebensätzen zu formulieren, und zwar drei unter dem Titel „Es stört mich, wenn jemand …“ und drei unter dem Titel „Es stört mich nicht, wenn jemand …“. Dazu sollen sie die Aussagen von der Liste verwenden. Geben Sie jeweils ein oder zwei Beispiele an der Tafel an:

Es stört mich, wenn jemand …
… sich sehr wichtig vorkommt.

Es stört mich nicht, wenn jemand …
… am Strand laute Musik spielt.

S p r a c h s e n s i b i l i s i e r u n g (optional): Weisen Sie auf die unterschiedliche Wortstellung im Hauptsatz und im Nebensatz hin.

Gruppenarbeit

1 Die TN sollen in Vierergruppen diskutieren, was sie stört und warum. Sie sollen auch diskutieren, was sie nicht stört. Fordern Sie sie auf, der Liste weitere Sätze hinzuzufügen.

2 Jede Gruppe soll jetzt entscheiden, welche drei Dinge alle am meisten stören. Geben Sie genug Zeit, so dass die Gruppe einen Konsens finden kann.

3 Ein Vertreter jeder Gruppe soll dann der ganzen Klasse über den Gruppenkonsens berichten.

4 Fragen Sie, ob jemand in der Klasse etwas nicht störend findet, was alle anderen stört. Wenn es TN gibt, die bestimmte Verhaltensweisen akzeptieren, fragen Sie nach ihren Gründen. Zum Beispiel:

TN : „Es stört mich nicht, wenn jemand beim Essen heikel ist."
KL: „Und warum?"
TN : „Vielleicht muss diese Person Diät halten oder sie isst etwas wegen ihrer Religion nicht."

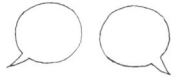

B Präsentation und Rekonstruktion des Modelltextes

1 Schreiben Sie dann die Textskelette an die Tafel oder präsentieren Sie die KV 39.2 auf einer Folie am OHP. Lassen Sie die TN die Wörter des Textes erraten.

2 Um den Rateprozess in Gang zu halten, helfen Sie, indem Sie Buchstaben des zu erratenden Wortes angeben, indem Sie Wörter angeben, die ungefähr dasselbe bedeuten, oder indem Sie Gestik und Mimik einsetzen.

3 Lesen Sie nach der Textrekonstruktionsphase die beiden Texte noch einmal vor (Modelltexte KV 39.3).

KV 39.2 TEXTSKELETTE

Text A

```
S _ _ _ _ e _ d _ _ . w _ _ _ _ _ _ _ , w _ _ i _ s _ _ _ _ _ _ _ a _ _ d _ _
F _ _ _ _ _ _ _ _ _ _ _ b _ _ _ ?
S _ _ _ _ e _ d _ _ w _ _ _ _ _ _ , w _ _ i _ a _ _ _ _ _ d _ m _ _ _ _
M _ _ _ _ _ _ _ h _ _ _ _ _ _ _ _ ?
S _ _ _ _ e _ d _ _ w _ _ _ _ _ _ , w _ _ i _ r _ _ _ _ w _ e _ _ S _ _ _ _ _ ?
S _ _ _ _ e _ d _ _ w _ _ _ _ _ _ , w _ _ i _ w _ _ _ _ _ _ _ z _ _ _ _ _ _
b _ _ _ _ _ _ _ b _ _ ?
N _ g _ _ , d _ _ _ m _ _ _ _ _ w _ _ u _ _ t _ _ _ _ _ ,
d _ _ _ m _ _ _ s _ _ _ _ _ i _ _ _ _ _ _ _ _ _ M _ _ _ _ _ _ .
```

Text B

```
S _ _ _ _ e _ S _ w _ _ _ _ _ _ _ , w _ _ i _ ö _ _ _ _ _ z _ s _ _ _ k _ _ _ _ ?
S _ _ _ _ e _ S _ _ w _ _ _ _ _ _ , w _ _ i _ _ m _ _ _ _ _ _ _ m _ _ _ _
H _ _ _ _ _ _ _ _ v _ _ _ _ _ _ _ ?
S _ _ _ _ e _ S _ _ w _ _ _ _ _ _ , w _ _ i _ _ m _ _ _ _ _ _ _ a _ _
L _ _ _ _ _ _ _ _ _ m _ _ m _ _ _ _ _ N _ _ _ _ _ _ _ sch _ _ _ _ _ ?
S _ _ _ e _ S _ _ w _ _ _ _ _ _ , w _ _ i _ _ h _ _ u _ _ w _ _ _ _ _
i _ d _ _ T _ _ _ _ _ _ _ r _ _ _ _ ?
S _ _ _ _ e _ S _ _ w _ _ _ _ _ _ , w _ _ i _ _ m _ _ _ _ _ _ _ n _ _ _ _
i _ d _ _ S _ _ _ _ _ k _ _ _ _ ?
N _ g _ _ , d _ _ _ m _ _ i _ i _ e _ _ _ a _ _ _ _ _ Sch _ _ _ g _ _ _ _ ,
N _ g _ _ , d _ _ _ m _ _ _ _ _ w _ _ u _ _ t _ _ _ _ _ ,
d _ _ _ m _ _ s _ _ _ _ _ e _ _ _ _ _ _ _ _ _ _ L _ _ _ _ .
```

KV 39.3 MODELLTEXTE

Text A (Auflösung des Textskeletts A)

Stört es dich wirklich, wenn ich samstags auf dem Fußballplatz bin?
Stört es dich wirklich, wenn ich abends an meinem Motorrad herumbastle?
Stört es dich wirklich, wenn ich rauche wie ein Schlot?
Stört es dich wirklich, wenn ich wöchentlich zweimal betrunken bin?
Na gut, dann müssen wir uns trennen,
denn mich stören intolerante Menschen.

Text B (Auflösung des Textskeletts B)

Stört es Sie wirklich, wenn ich öfters zu spät komme?
Stört es Sie wirklich, wenn ich manchmal meine Hausaufgabe vergesse?
Stört es Sie wirklich, wenn ich manchmal aus Langeweile mit meinem Nachbarn schwätze?
Stört es Sie wirklich, wenn ich hin und wieder in der Toilette rauche?
Stört es Sie wirklich, wenn ich manchmal nicht in die Stunde komme?
Na gut, dann muss ich in eine andere Schule gehen,
denn mich stören engstirnige Lehrer.

C Kreatives Schreiben

Redemittel sammeln

Sammeln Sie gemeinsam mit den TN Wörter und Phrasen, die ausdrücken, wann oder wie oft etwas passiert, z.B. *stundenlang, abends, jeden Nachmittag, täglich, öfters, jeden Monat, immer wieder, am Wochenende, nie, manchmal* usw.

Sprachsensibilisierung (optional): Erklären Sie gegebenenfalls die Verwendung des Akkusativs als Zeitangabe *(jeden Tag)*, die Bedeutung und die Bildung wichtiger Zeitadverbien *(stundenlang = viele Stunden lang, einmal täglich = einmal pro Tag, montags = an jedem Montag)* und die Verwendung von Präpositionen bei Zeitangaben *(am Montag, in der Nacht, im Sommer, um 10 Uhr)*.

Texte schreiben und präsentieren

Die TN schreiben dann ihre eigenen Texte und verwenden dabei passende Zeitangaben. Anschließend werden die Texte vorgelesen oder in der Klasse präsentiert, indem jeder TN eine leserliche, korrigierte Version seines Textes an einer Wand des Kursraumes befestigt.

VARIANTE

Mit leicht veränderten Texten können Sie auch Relativsätze, eventuell mit dem Relativpronomen wer, üben.

VARIANTE 1: Relativsätze
Dich stören Männer, die samstags auf dem Fußballplatz sind?
Dich stören Männer, die abends an ihren Motorrädern herumbasteln?
Dich stören Männer, die zwei Packungen Zigaretten am Tag rauchen?
Dich stören Männer, die manchmal zu tief ins Glas schauen?
Na gut, dann müssen wir uns trennen,
denn mich stören Frauen, die zu wenig tolerant sind.

VARIANTE 2: Relativsätze

Männer, die samstags immer auf dem Fußballplatz sind, stören dich also.
Männer, die abends an ihren Motorrädern herumbasteln, kannst du nicht ausstehen.
Männer, die zwei Packungen Zigaretten am Tag rauchen, findest du nicht attraktiv.
Und Männer, die manchmal zu tief ins Glas schauen, findest du abstoßend.
Na gut, dann müssen wir uns trennen,
denn mich stören Frauen, die zu wenig tolerant sind.

VARIANTE 3: Relativsätze mit „wer"

Wer öfters zu spät kommt,
wer manchmal seine Hausaufgaben vergisst,
wer manchmal mit seinem Nachbarn schwätzt,
wer hin und wieder in der Toilette raucht,
und wer manchmal nicht in die Stunde kommt,
der hat keine Chance bei Ihnen?
Dann muss ich in eine andere Schule gehen,
wo es weniger engstirnige Lehrer gibt.

*(Niveau für alle drei Varianten: 1-2-**3**-4-5)*

40 Ich bin immer meiner Zeit voraus

> **Grammatik:** *während* + Nebensatz und *bei* + Verb als Nomen, *denken an … und …daran denken, dass …*
>
> **Sprechintention:** Gleichzeitig stattfindende Handlungen beschreiben
>
> **Niveau:** 1-2-**3-4**-5
>
> **Dauer.** 40 bis 50 Minuten
>
> **Materialien:** Folie für den OHP oder zwölf Kartonkärtchen
>
> **Vorbereitung:** Schreiben oder kopieren Sie den Modelltext auf eine Folie für den OHP oder auf Kartonkärtchen, jeweils eine Zeile auf ein Kärtchen.

A Thematische Einstimmung

Alltägliche Tätigkeiten mimisch darstellen

1 Stellen Sie verschiedene Tätigkeiten mimisch dar („eine Tasse Kaffee trinken", „Zeitung lesen", „Auto fahren" usw.) und fordern Sie die TN auf zu erraten, was Sie gerade tun.
2 Schreiben Sie die Wörter an die Tafel oder bitten Sie einen TN, das zu tun. Vergewissern Sie sich, dass die TN die Bedeutung und Aussprache der Wörter kennen.

Das macht mir Spaß, das macht mir keinen Spaß, das stört mich nicht

1 Teilen Sie die Tafel in drei Spalten und zeichnen Sie in jede Spalte am oberen Rand ein Gesicht (siehe Abbildung). Erklären Sie Ihren TN, was die drei Gesichter bedeuten.

„Das macht mir Spaß."   „Das macht mir keinen Spaß."   „Das stört mich nicht."

2 Schreiben Sie die Anfangsbuchstaben von verschiedenen Tätigkeiten in die drei Spalten und lassen Sie Ihre TN raten, welche Tätigkeiten Ihnen Spaß machen, keinen Spaß machen bzw. welche Tätigkeiten Sie nicht stören. Ermuntern Sie Ihre TN, weitere Fragen zu stellen, die Ihre Vorlieben betreffen. Zum Beispiel:

TN 1: „Ich bin sicher, das Aufstehen am Morgen macht Ihnen überhaupt keinen Spaß."
KL: „Das stimmt."
TN 2: „Ich glaube, Abwaschen macht Ihnen keinen Spaß."
KL: „Das stimmt auch. Ich wasche wirklich nicht gerne ab."
TN 2: „Warum waschen Sie nicht gerne ab?"
KL: „Ich finde es nicht nur anstrengend, sondern bekomme davon auch Rückenschmerzen."

Ratespiel

1 Lassen Sie in Partnerarbeit arbeiten. Die TN sollten im Idealfall mit jemandem zusammenarbeiten, den sie nicht besonders gut kennen.

2 Jeder TN schreibt jeweils zwei Tätigkeiten auf, von denen er annimmt, dass sie dem Partner Spaß machen, keinen Spaß machen bzw. ihn nicht stören.

3 Die Partner lesen sich gegenseitig ihre Vermutungen vor, die sie dann bestätigen oder korrigieren. Wenn genug Zeit zur Verfügung steht, können die Partner mehrmals gewechselt werden.

Bildhafte Vorstellungen

1 Erklären Sie den TN, dass Sie ihnen einen Satzbeginn vorgeben werden, den sie schriftlich ergänzen sollen. Bitten Sie Ihre TN jedoch, vor dem Schreiben zuerst die Augen zu schließen und so lange zu warten, bis sie ein klares inneres Bild davon haben, was sie gemacht haben. Erst wenn sie dieses klare Bild vor Augen haben, sollen sie den Satz beenden. Geben Sie eventuell ein Beispiel vor:

KL: „Der Satzanfang lautet 'Während ich zur Schule gefahren bin, … '. Ihr schließt die Augen und stellt euch die Situation vor. Nehmen wir an, ihr habt dabei an die Hausaufgabe gedacht, die ihr nicht gemacht habt, dann schreibt ihr auf: '…habe ich an die Hausaufgabe gedacht, die ich nicht gemacht habe.'"

2 Geben Sie dann mehrere Satzanfänge an der Tafel vor und fordern Sie die TN auf, sich einige davon auszusuchen und zu ergänzen:

Beim Aufstehen habe ich an … gedacht/habe ich daran gedacht, dass …

Beim Frühstück habe ich an … gedacht/habe ich daran gedacht, dass …

Während ich mir die Zähne geputzt habe, habe ich an … gedacht

Beim Fernsehen habe ich an … gedacht/daran gedacht, dass …

Sprachsensibilisierung (optional):

1. Weisen Sie auf verschiedene Möglichkeiten hin, gleichzeitig stattfindende Handlungen zu beschreiben (zum Beispiel: *bei* + Nomen im Dativ, *während* + Nomen im Genitiv/Dativ oder *während* + Nebensatz).

2. Machen Sie die TN auch auf die unterschiedliche Satzstruktur bei „*Ich habe an … gedacht.*" und „*Ich habe daran gedacht, dass …*" aufmerksam. Sie können dazu Folgendes erklären: Das Verb *denken* verlangt die Präposition *an* + Nomen, Pronomen oder Adverb. Wenn statt des Nomens, Pronomens oder Adverbs ein Nebensatz mit *dass* verwendet wird, dann muss vor dem Dass-Satz *daran* stehen. (Manchmal kann man mit einem Nebensatz besser ausdrücken, woran man gedacht hat.) Das gilt auch für andere Verben, die eine Präposition + Nomen verlangen. (Zum Beispiel: *Angst haben vor – Angst davor haben, dass …; sich freuen auf – sich darauf freuen, dass …; warten auf – darauf warten, dass…* usw.)

B Präsentation und Rekonstruktion des Modelltextes

1 Zeigen Sie den TN ganz kurz die erste Zeile des Modelltextes (auf dem OHP oder auf einem Kartonstreifen). Fordern Sie Ihre TN auf, die Zeile aufzuschreiben. Fahren Sie so zeilenweise fort, bis Sie den gesamten Modelltext gezeigt haben.

2 Die TN vergleichen ihre Textversion mit dem Nachbarn.

3 Bitten Sie einige TN, ihre Texte vorzulesen.

4 Präsentieren Sie den kompletten Text. Lesen Sie ihn vor, um den TN die richtige Aussprache und Intonation zu verdeutlichen.

KV 40.1 MODELLTEXT

Beim Frühstück habe ich
an meinen Chef gedacht.
Während ich im Stau steckte,
habe ich an die viele Arbeit gedacht,
die heute auf mich wartet.
Während der Arbeit habe ich
an einen gemütlichen Abend vor dem Fernseher gedacht.
Und beim Fernsehen
habe ich daran gedacht,
wie schwer es sein wird,
einzuschlafen.
Ich bin immer meiner Zeit voraus.

C Kreatives Schreiben

Schreiben Sie das Textskelett an die Tafel. Ihre TN sollen jetzt eigene Texte schreiben und können dabei, wenn sie wollen, die letzten zwei Zeilen verändern.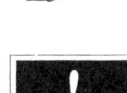

Beim _____
während _____
während _____
beim _____
und während _____
Immer bin ich (ist er/sie, sind sie) meiner (seiner/ihrer) Zeit voraus.

41 Ich möchte jemanden kennen lernen …

Grammatik: Relativsätze, alle Kasus

Sprechintention: Personen beschreiben

Niveau: 1-**2-3-4**-5

Dauer: 50 Minuten

Materialien: Eine Kassette mit Meditationsmusik, eventuell den Modelltext KV 41.1 auf einer Folie für den OHP, eventuell Kärtchen zum Abdecken einzelner Wörter

A Thematische Einstimmung

Jemand, den ich gerne kennen lernen möchte

1 Bitten Sie die TN, den Namen einer Person aufzuschreiben, die sie gerne näher kennen lernen möchten. Geben Sie dafür zwei bis drei Minuten Zeit.
2 Die TN teilen Ihnen dann die Namen mit, die Sie an die Tafel schreiben. Lassen Sie die TN begründen, warum diese Personen sie interessieren.

„Tagträume"

1 Bitten Sie die TN, mit Ihnen eine kurze Fantasiereise zu unternehmen. Verraten Sie, dass die TN auf dieser Reise eine Person treffen werden, dass es aber nicht dieselbe Person sein muss, die sie in der vorangegangenen Übung genannt haben. Fordern Sie die TN auf, sich aufrecht mit geschlossenen Augen hinzusetzen. Spielen Sie jetzt leise Meditationsmusik und geben Sie den TN folgende Anregungen für ihre Visualisationen:

KL: „Stell dir vor, du sitzt in einem Flugzeug … das Flugzeug startet und du lehnst dich in deinem bequemen Sitz zurück … das Flugzeug steigt immer höher und du kannst den blauen Himmel sehen … du entspannst dich, lehnst dich zurück und beginnst zu träumen … und nach einiger Zeit spürst du, wie das Flugzeug langsam tiefer geht, bis du merkst, wie es auf dem Boden aufsetzt und ausrollt.
Wenn du jetzt das Flugzeug verlässt, siehst du direkt vor dir einen wunderschönen Strand mit Palmen. Ein kleiner Weg führt hinunter zum Strand und du folgst diesem Weg. Du fühlst den Sand unter deinen Füßen, die warmen Sonnenstrahlen auf deiner Haut und du hörst den Wind in den Palmen und die Wellen des Meeres rauschen. Und vor dir, direkt am Strand, steht eine Person, die auf das Meer hinausschaut, und als diese Person sich umdreht, siehst du, dass es jemand ist, den du schon lange kennen lernen wolltest. Ihr setzt euch beide in den warmen Sand und beginnt miteinander zu sprechen. Nimm dir viel Zeit für das Gespräch …"

(Geben Sie zwei Minuten Zeit, bevor Sie fortfahren.)

KL: „… Die Sonne geht unter und du bemerkst, dass es Zeit für den Abschied ist. Du gehst langsam den schmalen Weg zum Flugzeug zurück, das schon auf dich wartet. Du steigst ein, das Flugzeug startet und bringt dich sicher zurück in unser Klassenzimmer. Und während du langsam zurückkehrst, erinnerst du dich klar und deutlich an die Person, die du am Strand in dem fernen Land getroffen hast. Komm jetzt langsam zurück und öffne entspannt und mit neuer Energie deine Augen."

2 Bitten Sie jetzt die TN, in Partnerarbeit ihre Erfahrungen auszutauschen. Vielleicht sind auch einige bereit, ihre Erfahrungen der ganzen Gruppe zu erzählen.

Variation

1 Lassen Sie die TN Schlüsselwörter über ihre Erfahrungen während der Visualisation aufschreiben.
2 In Partnerarbeit versuchen die TN, aus den Schlüsselwörtern ihres Partners zu erraten, wen dieser getroffen hat, worüber gesprochen wurde, usw. Der Partner bestätigt oder korrigiert die Vermutungen.

B Präsentation und Rekonstruktion des Modelltextes

1 Präsentieren Sie den Modelltext, lassen Sie dabei allerdings die Relativpronomen aus. Erfragen Sie die fehlenden Wörter von Ihren TN.

KV 41.1 MODELLTEXT

Ich möchte eine Frau kennen lernen,
die goldfarbene Augen hat,
die eine Schlange um den Hals trägt,
deren Haustiere Kröten
und deren Freunde Zauberer sind,
und die mir vor dem Einschlafen Lieder vorsingt,
wenn ich sie darum bitte.

Sprachsensibilisierung (optional): Wiederholen Sie eventuell die Formen der Relativpronomen. Sie sind identisch mit dem definiten Artikel, nur der Genitiv Plural und Singular sowie der Dativ Plural bekommen die Endung *-en* (*dessen, deren* und *denen*). Weisen Sie die TN darauf hin, dass das Relativpronomen denselben Genus und Numerus haben muss wie das Nomen oder Pronomen, auf das es sich bezieht, z. B.: *Ich möchte eine Frau kennen lernen, deren Freunde …* Das Bezugswort von *deren* ist *Frau, deren* ist also feminin und Singular. Der Kasus hängt von der Satzstruktur im Nebensatz ab, z.B.: *Ich möchte eine Frau kennen lernen, deren Freunde (= die Freunde der Frau) Zauberer sind.* Das Relativpronomen im Genitiv *deren* ersetzt das Nomen im Genitiv *der Frau* und den Artikel von *Freunde*.

3 Lesen Sie den Text vor.
4 Wählen Sie einige Wörter aus dem Text aus (z.B. alle Verben) und verdecken oder löschen Sie diese. Die TN sollen den Text jetzt rekonstruieren. Wiederholen Sie diese Übung drei- oder viermal. Löschen Sie jedes Mal andere Wörter.
5 Lassen Sie immer mehr Lücken, bis keine Hilfestellung für die TN durch den Text selbst gegeben wird und sie den ganzen Text aus dem Gedächtnis rekonstruieren müssen.

C Kreatives Schreiben

Präsentieren Sie den Modelltext in Skelettform. Die TN schreiben jetzt ihre eigenen Texte, die durchaus absurd und komisch sein können und sich nicht unbedingt auf reale Wünsche der TN beziehen müssen.

**T?XT
SK?
L?TT**

KV 41.2 TEXTSKELETT

Ich möchte einen Popstar/ eine Königin/ einen Lehrer/eine Hexe/ einen Zauberer/ …
_____ kennen lernen,
_____ hat,
_____ trägt,
_____ Haustiere _____,
_____ Freunde _____
und _____,
wenn ich _____.

Präsentieren Sie dann die Texte im Plenum (siehe Seite 13).

TEXTE VON TN

Ich möchte einen Mann kennen lernen,
der wie ein Gott aussieht,
der eine Perlenkette um den Hals trägt,
der viele Pferde hat,
der Liam Neeson als besten Freund hat
und der immer meine Wäsche bügelt.

Ich möchte einen Jungen kennen lernen,
der blaue Augen und ein süßes Gesicht hat,
der einen Affen als Haustier hat,
der gute Speisen kochen kann
und der viele Comics in seinem Zimmer hat.
Ich möchte mit ihm sehr oft
ins Kino gehen,
das ich sehr liebe,
und ich möchte mich
mit ihm amüsieren.

42 Man kocht damit

> **Grammatik:** Relativsätze mit generalisierenden Relativpronomen *(wo-* + Präposition), nominalisierte Verben (z.B. *zum Essen)*, Pronominaladverbien *(da(r)* + Präposition)
>
> **Sprechintention:** Materialien und ihren Zweck beschreiben
>
> **Niveau:** 1-2-3-**4**-5
>
> **Dauer:** 40 Minuten
>
> **Materialien:** Kopien des Arbeitsblattes KV 42.1 in Klassenstärke

A Thematische Einstimmung

Verben sammeln

1 Sammeln Sie an der Tafel mit den TN Ausdrücke für verschiedene Substanzen, wie z.B. *Öl, Wolle, Holz, Papier, Butter, Aluminium, Seide, Beton, Luft* usw.
2 In Partnerarbeit sollen die TN sich für eine Substanz entscheiden und möglichst viele Verben finden, die beschreiben, was man mit dieser Substanz alles tun kann, aber auch möglichst viele Verben, die beschreiben, was man damit nicht tun kann. Geben Sie ein Beispiel an der Tafel:

> *Butter ist etwas zum Essen und etwas zum Backen, aber nichts zum Atmen.*

Sprachsensibilisierung (optional): Erklären Sie Ihren TN, dass die Verben *essen, backen* und *atmen* hier als Nomen verwendet werden. Man schreibt sie deshalb groß. Solche nominalisierten Verben sind immer Neutra.

3 Die TN lesen ihre Verben vor, die anderen versuchen zu erraten, um welche Substanz es sich handelt.

Sätze bilden

Wiederholen Sie diese Übungssequenz; Ihre TN sollen sich dazu eine neue Substanz aussuchen, diesmal aber vollständige Sätze formulieren. Zum Beispiel:

Man kocht damit.
Damit werden Motoren geschmiert.
Man bekommt davon fettige Finger.

Sprachsensibilisierung (optional): Erklären Sie, dass die Pronominaladverbien *damit* und *davon* wie Pronomen funktionieren, d.h. sie stehen hier für ein Nomen mit Präposition, z.B.: *Man kocht mit dieser Substanz. Man kocht damit.* Wenn die Präposition mit einem Vokal beginnt, steht zwischen *da-* und der Präposition ein *-r*, z.B. *darauf.* Pronominaladverbien können nicht bei Personen verwendet werden, z.B.: *Ich warte auf meinen Vater. Ich warte auf ihn.*

B Präsentation und Rekonstruktion des Modelltextes

1 Teilen Sie die Kopiervorlage 42.1 aus und fordern Sie die TN auf, den Lückentext mit den Wörtern aus dem Kasten zu ergänzen. Sagen Sie den TN, dass sich die letzten beiden Zeilen der Texte reimen.

2 Lassen Sie dann einige TN ihre Texte vorlesen. Lesen Sie zum Abschluss die Originalversion der Texte (Modelltexte) vor.

KV 42.1 ARBEITSBLATT

Etwas, _____,
etwas, _____,
etwas _____ und _____
doch nichts _____ und
_____ –
einfach Wasser.

Etwas, _____,
etwas, _____,
etwas _____ und _____,
doch nichts _____ und
_____ –
einfach Holz.

> zum Formen – womit man Kachelöfen heizt – worin Nixen wohnen – woraus
> Pinocchio ist – womit Wein gemischt wird – zum Essen – zum Planschen –
> zum Hacken – zum Bauen – zum Vernaschen – zum Kauen – zum Waschen

KV 42.2 MODELLTEXTE

Etwas, worin Nixen wohnen,
etwas, womit Wein gemischt wird,
etwas zum Planschen und zum Waschen,
doch nichts zum Formen und zum Vernaschen –
einfach Wasser.

Etwas, woraus Pinocchio ist,
etwas, womit man Kachelöfen heizt,
etwas zum Hacken und zum Bauen,
doch nichts zum Essen und zum Kauen –
einfach Holz.

Sprachsensibilisierung (optional): Erklären Sie den TN, dass ein Relativsatz nach *etwas, nichts, alles, vieles,* Superlativen (z.B. *das Beste)* usw. mit einem generalisierenden Relativpronomen beginnt *(was, wo(r)* + Präposition).

C Kreatives Schreiben

Schreiben Sie folgenden Textimpuls an die Tafel; an diese Struktur können sich die TN beim kreativen Schreiben halten.

Etwas, womit/woran/wodurch/worauf _____
etwas, womit/woran/wodurch/worauf _____
etwas zum _____ und zum _____
aber nichts zum _____ und zum _____,
einfach _____.

VARIANTE

Wenn Sie die Modelltexte ein wenig verändern, können Sie mit dieser Einheit auch Fragepronomen bzw. das generalisierende Relativpronomen was/das üben.

VARIANTE 1: Generalisierende Relativpronomen was/das

Etwas, dessen Blasen platzen,
etwas, was gut klebt,
nichts, was meine Eltern schmatzen,
nichts, was lebt,
einfach Kaugummi.

*(Niveau: 1-**2-3**-4-5)*

VARIANTE 2: Fragepronomen

Was ist rot wie Tomatensaft?
Womit unterschreibt man teuflische Verträge?
Wodurch werden Haie angelockt?
Wovon lebt man als Vampir und
wovon wird mir immer schlecht, wenn ich es sehe?
Von Blut.

(Niveau: 1-2-3-4-5)

VARIANTE 3: Relativadverbien wo, wohin, woher, von wo aus

Dort, wo Captain Kirk Klingonen trifft,
dort, wo Wurmlöcher Galaxien verbinden,
dort, woher E.T einst kam,
dort im Weltraum,
dort möchte ich jetzt sein.

(Niveau: 1-2-3-4-5)

TEXTE VON TN

Etwas, womit man Tee kühlt,
etwas, worauf man laufen kann,
etwas zum Formen
und etwas zum Schlecken,
doch nichts zum Behalten
und zum Verstecken.
Einfach Eis.

Etwas, worin man fliegen kann,
etwas, wodurch man sehen kann,
etwas zum Atmen
und zum Riechen,
doch nichts zum Schmieren
und zum Plantschen.
Einfach Luft.

43 Der Klang einer Glocke

> **Grammatik:** Komplexe Satzkonstruktionen mit Relativsätzen und anderen Attributen, *sich erinnern an …*
>
> **Sprechintention:** Erinnerungen mitteilen
>
> **Niveau:** 1-2-3-**4-5**
>
> **Dauer:** 2 Unterrichtseinheiten zu je 40 Minuten
>
> **Materialien:** Je eine Kopie des Modelltextes KV 43.1 für jeweils vier TN, eine Kopie des Textskeletts KV 43.2 für jedes Paar; Klebeband, einige Scheren, Filzstifte, Bilder, Zeichnungen usw. für Collagen
>
> **Vorbereitung 1. Unterrichtseinheit:** Fotokopieren Sie den Modelltext KV 43.2. Für jede Gruppe zu je vier TN benötigen Sie eine Kopie. Zerschneiden Sie den Text, so dass jede Zeile auf einem Papierstreifen steht.
>
> **Vorbereitung 2. Unterrichtseinheit:** Schreiben Sie Wörter aus dem Modelltext und andere, ähnliche Wörter auf Papierstreifen, je ein Wort pro Streifen (eine Wortliste finden Sie unten am Beginn der zweiten Unterrichtseinheit). Schreiben Sie die Wörter so klein, dass man sie nur lesen kann, wenn man die Kärtchen vor sich liegen hat. Befestigen Sie die Papierstreifen vor Beginn der Stunde an den Wänden des Klassenzimmers. Bringen Sie in die zweite Stunde die Materialien für die Collagen mit und/oder fordern Sie die TN in der ersten Stunde auf, auch selbst Material dafür mitzubringen.

Erste Unterrichtseinheit

Das Ziel dieser Unterrichtsphase ist es, den TN verschiedene Ebenen der Sinneswahrnehmung bewusst zu machen und sie entdecken zu lassen, welche Wahrnehmungsebenen sie benutzen und welche sie davon bevorzugen.

A Thematische Einstimmung

1 Erklären Sie den TN, dass verschiedene Personen häufig ganz verschiedene Sinneseindrücke mit ein und demselben Wort assoziativ verbinden. So kann zum Beispiel der Begriff „Glocke" bei einer Person einen sehr starken visuellen Eindruck hervorrufen, so dass vor ihren Augen das deutliche Bild einer Glocke entsteht. Andere verbinden mit dem Begriff womöglich den vertrauten Klang einer Kirchenglocke. Wieder andere haben bei diesem Wort vielleicht sofort das Gefühl, die metallene Oberfläche einer Glocke zu berühren. Manche Leute können wiederum auch gleichzeitig mehrere dieser Sinneseindrücke aktivieren, wenn sie das Wort „Glocke" hören.
2 Zeichnen Sie die folgende Tabelle an die Tafel und fordern Sie die TN auf, diese Tabelle auf ein Blatt Papier zu übertragen.

Wort	sehen	hören	fühlen, berühren, bewegen	schmecken	riechen

3 Erklären Sie den TN, dass Sie ihnen eine Reihe von Wörtern vorlesen werden. Sie sollen das Wort jeweils in die Spalte ganz links schreiben und dazu die Empfindungsebene(n) abhaken, mit der (denen) sie das Wort verbinden.

4 Lesen Sie Ihren TN folgende oder andere Wörter vor:

der Wind – der Blumenstrauß – das Beefsteak – moderne Malerei – der Champignon – der See – das Fahrrad – die Mutter – der Vater – der Gürtel – die Popmusik – die Katze – der Schokoladeriegel

5 Die TN sollen ihre Ergebnisse in Gruppenarbeit vergleichen. Sie könnten folgende Leitfragen an die Tafel schreiben:

Welche Wörter haben bei den meisten Gruppenmitgliedern die gleichen Sinneseindrücke hervorgerufen?

Welche Wörter haben bei den meisten Gruppenmitgliedern unterschiedliche Sinneseindrücke hervorgerufen?

Wenn du die Ergebnisse betrachtest, bist du dann eher jemand, der etwas durch das Sehen, durch das Hören oder durch das Berühren und Fühlen erlebt?

Decken sich die Ergebnisse mit deinen Erwartungen?

Sätze bilden

1 Geben Sie die folgenden Satzelemente vor und fordern Sie die TN auf, sich an charakteristische Klänge, Bilder, Gerüche usw. sowie an Ort oder Zeit des Geschehens zu erinnern und mit Hilfe der folgenden Vorgaben möglichst viele Sätze zu formen:

Der Geruch von
Der Klang von
Die Berührung von   erinnert mich daran, dass …
Das Gefühl von   erinnert mich an die Zeit, als …
Der Geschmack von   erinnert mich an …
Das Bild von   weckt bei mir Erinnerungen an …
Das Geräusch von

Sprachsensibilisierung (optional): Machen Sie die TN auf die unterschiedliche Satzstruktur bei *Der Klang von … erinnert mich daran, dass …* und *Der Klang von … erinnert mich an …* aufmerksam. (Siehe auch Hinweis zur Sprachsensibilisierung S. 139.)

Machen Sie Ihre TN auch auf die Präpositionalattribute aufmerksam. Zum Beispiel: *Der Klang von Kirchenglocken* (siehe auch Hinweis zur Sprachsensibilisierung S. 94).

2 In Dreiergruppen sollen nun die TN ihre Ergebnisse austauschen und dabei auch diskutieren, welche ihrer Erinnerungen eher positive, negative bzw. neutrale Empfindungen wecken.

B Präsentation und Rekonstruktion des Modelltextes

1 Lesen Sie den Modelltext einmal vor

KV 43.1 MODELLTEXT

Ich finde ihn abscheulich,
den Geruch von
Desinfektionsmitteln in öffentlichen Toilettenanlagen,
der mich an Krankenhäuser
und Zahnarztpraxen erinnert,
den Geschmack von
sauer gewordener Milch im Frühstückskaffee,
der mich an Pfadfinderlager in den Ferien erinnert,
und den Lärm von Düsenjets,
der mich an unsere alte Wohnung
neben dem Flugplatz erinnert.
Doch ich liebe das Gefühl von heißem Sand auf meinem Körper,
das mich an unseren Urlaub in Griechenland erinnert,
als du mich am Strand eingegraben hast.

2 Bilden Sie Gruppen zu je drei bis vier TN. Teilen Sie jeder Gruppe eine zerschnittene Version des Modelltextes aus. Die TN sollen den Text rekonstruieren.

Zweite Unterrichtseinheit

Rekonstruktion (Wiederholung)

1 Schreiben Sie folgende Wörter einzeln auf jeweils einen Papierstreifen und befestigen Sie sie vor Unterrichtsbeginn an den Wänden Ihres Klassenzimmers.

Milch	Pfadfinderlager	Frühstückskaffee
Uhr	Sand	Düsenjets
heiß	Friedhof	Opernarien
Desinfektionsmittel	Kirchenglocken	alte Wohnung
rot	öffentliche Toilettenanlagen	Schokoladepudding
sauer geworden	Strand	Flugplatz
Krankenhäuser	Fernseher	Körper
Bier	Alpen	Urlaub
Ferien	Zahnarztpraxen	Nähe
Griechenland	eingegraben	Schnee

2 Lassen Sie in Partnerarbeit arbeiten und geben Sie jedem Paar eine Kopie des Lückentextes KV 43.2 (siehe nächste Seite).

3 Fordern Sie die TN auf, den Text zu ergänzen, indem sie im Klassenzimmer umhergehen und Wörter suchen, die sie verwenden könnten. Weisen Sie die TN darauf hin, dass es mehr Wörter an den Wänden gibt als eingesetzt werden müssen.
Anmerkung: Die Aufgabe wird für die TN einfacher, wenn Sie die Wörter, die nicht in den Text passen *(Uhr, heiß, rot, Bier, Friedhof, Kirchenglocken, Fernseher, Alpen, Opernarien, Schokoladepudding, Nähe, Schnee)* weglassen.

4 Einige TN sollen ihre Texte laut vorlesen.

KV 43.2 TEXTSKELETT

T?XT SK? L?TT

Ich finde ihn abscheulich,
den Geruch von

_____ in _____ _____,
der mich an _____ und _____ erinnert,
den Geschmack von

_____ _____ im _____,
der mich an _____ in den _____ erinnert,
und den Lärm von _____
der mich an unsere ____ _____ neben dem _____ erinnert
Doch ich liebe das Gefühl von _____ ____ auf meinem _____,
das mich an unseren _____ in _____ erinnert,
als du mich am _____ _____ hast.

C Kreatives Schreiben

Schreiben Sie folgenden Textimpuls an die Tafel und fordern Sie Ihre TN dann auf, eigene Texte auf der Basis des Modelltextes zu schreiben.

> *Ich finde ihn abscheulich,*
>
> *den Geruch von ... /den Geschmack von ... /den Klang von ... /...,*
>
> *der Erinnerungen an ... weckt/der mich an die Zeit erinnert, als ...*

Textpräsentation

1 Die TN sollen versuchen, den Inhalt ihrer Texte bildlich, z. B. mittels einer Collage oder einer Zeichnung , darzustellen.
2 Sammeln Sie die Collagen und Texte der TN ein.
3 Geben Sie jedem TN jeweils einen Text und eine Collage, die ein Kollege geschrieben bzw. gezeichnet hat.
4 Die TN lesen sich gegenseitig ihre Texte vor und versuchen, die dazu passende Collage zu finden.
5 Die Texte und die dazugehörigen Collagen werden dann an den Wänden des Klassenzimmers aufgehängt.

TEXT EINES TN

Ich finde ihn abscheulich,
den Geschmack von Kaffee ohne Zucker,
der mich an chinesische Medizin erinnert,
den Lärm von Autos,
der mich an meinen Verkehrsunfall erinnert.
Doch ich liebe den Geruch des Meeres,
der mich an meine Heimat erinnert.

44 Je – desto

Grammatik: *je – desto*

Sprechintention: Veränderungen bzw. Entwicklungen beschreiben

Niveau: 1-2-3-**4-5**

Dauer: 30 Minuten

Materialien: Keine

A Thematische Einstimmung

Sprachsensibilisierung (optional): Veranschaulichen Sie kurz die Struktur von Sätzen mit *je-desto* an der Tafel. Zum Beispiel:

Je + Komparativ + Nebensatz, *desto* + Komparativ + Hauptsatz
Je länger meine Schwester am Abend fortbleibt, desto nervöser werden meine Eltern.

Sätze mit *je-desto* können auch mit einem Wenn-Satz ausgedrückt werden:

Wenn meine Schwester am Abend länger fortbleibt, dann werden meine Eltern immer nervöser.

B Präsentation und Rekonstruktion des Modelltextes

Schreiben Sie „Je" an die Tafel. Erklären Sie den TN, dass Sie an einen Satz denken, der mit *je* beginnt (es handelt sich um den Satz des Modelltextes). Fordern Sie die TN dann auf, Ihnen Wörter zuzurufen, um so den Satz zu rekonstruieren. Helfen Sie durch Gestik oder Mimik. Immer wenn Ihnen jemand ein richtiges Wort zuruft, schreiben Sie es auf folgende Weise untereinander an die Tafel:

MODELLTEXT

Je
öfter
ich mir
vornehme
abzunehmen,
desto
stärker
wird
das
schlechte Gewissen,
das ich
immer dann
habe,
wenn ich
Torte mit Schlagsahne
esse.

Anmerkung: Wenn sich Teilnehmer mit Gewichtsproblemen in Ihrer Gruppe befinden und Sie dieses Problem nicht thematisieren möchten, könnten Sie als Alternative einen der folgenden Sätze als Modelltext präsentieren:

1 Je öfter ich mir vornehme mit dem Rauchen aufzuhören, desto stärker wird das schlechte Gewissen, das ich immer dann habe, wenn ich mir nach dem Essen eine Zigarette anzünde.

2 Je öfter ich mir vornehme weniger schnell zu fahren, desto stärker wird das schlechte Gewissen, das ich immer dann habe, wenn mein Tachometer auf der Autobahn wieder einmal 170 km/h anzeigt.

3 Je öfter ich mir vornehme mehr Sport zu betreiben, desto stärker wird das schlechte Gewissen, das ich immer dann habe, wenn ich am Samstagvormittag wieder einmal bis zwölf Uhr im Bett bleibe.

Variation

Wenn die TN Ihnen Wörter zurufen, die nicht in Ihren Satz, aber in die Satzstruktur passen, schreiben Sie sie neben dem Modelltext auf, und versuchen Sie, gemeinsam mit den TN einen neuen vertikalen Text zu schreiben, der diese Wörter enthält. Manchmal ergeben sich dadurch mehrere parallele Texte wie in folgender Abbildung.

Je			
länger	öfter	älter	größer
das	ich	unser	mein
Schuljahr	mir	Lehrer	Hunger
dauert,	vornehme	wird,	wird,
desto	abzunehmen,	desto	desto
mehr	desto	mehr	schwieriger
Schüler	stärker	graue	ist
freuen	wird	Haare	es
sich	das	bekommt	für
auf	schlechte	er.	mich,
die	Gewissen,		freundlich
Ferien.	das		zu
	ich		bleiben.
	immer dann		
	habe,		
	wenn ich		
	Torte		
	mit Schlagsahne		
	esse.		

Interpretation des Modelltextes

1 Bitten Sie die TN, sich den Modelltext noch einmal durchzulesen.
2 Dann sollen sie mögliche Gründe dafür suchen, warum der Sprecher bzw. die Sprecherin abnehmen möchte. Schreiben Sie die Vorschläge der TN an die Tafel. Diskutieren Sie mit den TN auch darüber, ob der Satz eher von einem Jungen oder einem Mädchen formuliert wurde. Schreiben Sie auch die Argumente, die für ein Mädchen bzw. einen Jungen sprechen, an die Tafel.
3 Sprechen Sie mit Ihren TN über die Erfahrungen, die sie oder Bekannte beim Abnehmen gemacht haben.

C Kreatives Schreiben

Die TN sollen jetzt ihre eigenen Texte schreiben und sich dabei an die Struktur des Modelltextes halten.

VARIANTE

Mit Hilfe der oben beschriebenen Technik können Sie auch andere komplexe Satzstrukturen üben. Wenn Sie zweigliedrige Konjunktoren üben möchten und der Satz, den Sie rekonstruieren wollen, nicht mit dem Konjunktor beginnt (z.B. bei weder – noch), dann schreiben Sie den ersten Teil der Konjunktion weiter unten an die Tafel und beginnen Sie darüber mit der gemeinsamen Textproduktion bzw. Rekonstruktion.

„IMMER WENN"

<u>*Immer wenn*</u> *mein Lehrer mich durch seine dicken Brillengläser ansieht, fühle ich mich schrecklich klein.*

*(Niveau: 1-**2**-**3**-4-5)*

VARIANTEN MIT ZWEIGLIEDRIGEN KONJUNKTOREN

<u>*Entweder*</u> *lässt du mich deine Nachspeise essen* <u>*oder*</u> *ich erzähle unseren Eltern, was in dem Brief mit dem großen Herz steht, den du gestern von Petra bekommen hast.*
Ich kann von hier <u>*weder*</u> *die Tafel sehen, weil alles so spiegelt,* <u>*noch*</u> *habe ich gehört, was Sie gesagt haben, weil es in meinen Ohren so komisch summt.*
Wir haben uns <u>*nicht nur*</u> *im Wald verirrt,* <u>*sondern*</u> *sind* <u>*auch*</u> *noch in ein Gewitter gekommen, was den Schulwandertag bei uns auch nicht beliebter gemacht hat.*
Ich habe <u>*sowohl*</u> *mit Kamillentee gegurgelt* <u>*als auch*</u> *Baldrian geschluckt, denn zum Zahnarzt gehe ich erst im letzten Moment.*
<u>*Einerseits*</u> *schenkt sie mir ihre alten Bilderbücher,* <u>*andererseits*</u> *sperrt sie ihre Zimmertür vor mir zu – ich weiß nicht, was ich von ihr halten soll.*
Sie hat mich <u>*so lange*</u> *darum gebeten,* <u>*bis*</u> *ich mir wirklich die Haare grün gefärbt habe.*

*(Niveau: 1-2-**3**-**4**-5)*

45 Hättest du nicht Lust …?

> **Grammatik:** Infinitivsätze
>
> **Sprechintention:** Vorlieben ausdrücken, Wünsche äußern
>
> **Niveau:** 1-2-**3**-**4**-5
>
> **Dauer:** 2 Unterrichtseinheiten zu jeweils 40 Minuten
>
> **Materialien:** Kartonkärtchen, Kopien des Arbeitsblattes KV 45.1 in Klassenstärke

A Thematische Einstimmung

Sätze vom Rücken des Partners ablesen

1 Schreiben Sie jede der folgenden Phrasen auf ein Kartonkärtchen. Verwenden Sie dabei zwei verschiedene Farben. Zum Beispiel:

Roter Stift	*Blauer Stift*
Ich hätte Lust,	auf einer Yacht den Atlantik zu überqueren.
Ich hätte keine Lust,	dreimal pro Woche in die Disco zu gehen.
Es wäre interessant,	mehr Zeit für sich selbst zu haben.
Es wäre spannend,	den Mount Everest zu besteigen.
Es muss langweilig sein,	eine Fahrradtour durch Indien zu unternehmen.
Es muss schwierig sein,	eine Lehrerin zu haben, mit der man über alles sprechen kann.
Es dürfte unmöglich sein,	einen Schimpansen als Haustier zu haben.
Es dürfte lustig sein,	zehn Jahre älter zu sein.
	als Koch in einem berühmten Restaurant zu arbeiten.
	in fremde Länder zu reisen.
	mit Tieren sprechen zu können.
	einen Geist zu sehen.
	einen Schatz zu suchen.
	für eine Zeitung zu schreiben.
	ein Popstar zu sein.
	ein Museumswächter zu sein.
	den ganzen Tag fernzusehen.

2 Befestigen Sie am Rücken jedes TN ein Kartonkärtchen.
3 Fordern Sie die TN auf, in der Klasse umherzugehen und die Kartonkärtchen am Rücken ihrer Kollegen leise zu lesen. Sie sollen dabei versuchen, aus jeweils einem roten und einem blauen Satzteil möglichst viele vollständige Sätze zu bilden und sich diese zu merken. Sie dürfen sich aber keine Notizen machen.

VARIATION:

Statt die Kartonkärtchen am Rücken der TN zu befestigen, könnten Sie sie auch an die Wände des Klassenzimmers hängen. Die TN sollen aufstehen, die Kärtchen lesen und im Gedächtnis möglichst viele sinnvolle Sätze bilden. Geben Sie dafür drei Minuten Zeit.

Gedächtnisübung

1 Die TN gehen dann an ihre Plätze zurück und versuchen alle Sätze aufzuschreiben, an die sie sich noch erinnern können. Dabei sollen sie sich aber auch überlegen, ob sie der jeweiligen Aussage zustimmen oder nicht. Dazu können sie die Sätze unter den folgenden zwei Rubriken notieren:

Trifft auf mich zu:	Trifft nicht auf mich zu:

2 Die TN bilden Vierergruppen, lesen sich ihre Sätze gegenseitig vor und erklären, warum diese Sätze auf sie zutreffen oder nicht. Zum Beispiel:

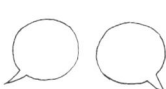

TN 1: „Es dürfte lustig sein, dreimal pro Woche in die Disco zu gehen. Das trifft auf mich zu. Ich gehe gerne in die Disco, aber ich darf immer nur einmal pro Woche, am Wochenende, fortgehen."

TN 2: „Das trifft auf mich nicht zu. Ich glaube, dass es an Wochentagen in den Discos sehr langweilig ist."

Sprachsensibilisierung (optional): Erklären Sie den TN, dass nach vielen Verben Infinitivkonstruktionen mit *zu* (= Infinitivsätze) möglich sind. Es sind dies oft Verben, die eine persönliche Haltung ausdrücken *(erwarten, vergessen, versuchen, Angst haben* usw.) oder sich auf den Fortlauf einer Handlung beziehen (z.B. *anfangen, aufhören, beginnen)*. Auch nach Konstruktionen wie *Es ist angenehm/erlaubt/möglich/interessant* usw. stehen oft Infinitivsätze. Machen Sie die TN darauf aufmerksam, dass bei trennbaren Verben *zu* zwischen dem Präfix und dem Infinitiv steht. Zum Beispiel: *Ich hätte Lust, den ganzen Tag fernzusehen.*

Wahrheit und Lüge

1 Bilden Sie Gruppen zu je vier TN. Alle TN sollen sechs Sätze über sich selbst aufschreiben. Die Sätze beginnen entweder mit *Ich hätte Lust* oder mit *Ich hätte keine Lust.* Einige der Sätze sollten Lügen sein.
2 Jedes Gruppenmitglied liest dann seine Sätze vor. Die anderen notieren oder merken sich die Behauptungen, von denen sie glauben, dass sie Lügen sind.
3 Dann erklären die Gruppenmitglieder, welche Sätze sie für die Wahrheit und welche sie für Lügen halten.

B Präsentation und Rekonstruktion des Modelltextes

1 Geben Sie allen TN eine Kopie des Arbeitsblattes. Die TN ergänzen die Lücken mit Hilfe der Wörter aus dem Kasten. Weisen Sie eventuell darauf hin, dass in die Lücken meist mehr als nur ein Wort geschrieben werden muss.

KV 45.1 ARBEITSBLATT

Text A

Ich hätte Lust, mit dir _____ zu besuchen.
Ich hätte Lust, mit dir _____ die Sahara _____.
Es wäre schön, mit dir in ein _____ Restaurant _____.
Doch wir verbringen _____ auf der Couch _____,
der seit kurzem _____ empfangen kann.

Text B

Ich hätte Lust, bei dir _____ zu schlafen,
Ich hätte Lust, mit dir auch _____ spazierenzugehen,
Es wäre wunderbar, mit dir _____ zu spielen,
und ich hätte große Lust, mit dir _____ unseres Nachbarn _____,
doch ich bin nur _____ und muss froh sein,
wenn du mich einmal täglich _____ führst.

> teures – im Garten fangen – vor unserem Fernseher – die Katze –
> in den Stadtpark – dein Hund – einen Rock-and-Roll-Kurs – zu durchqueren –
> im Bett – essen zu gehen – 24 Programme – zu jagen – jeden Abend –
> bei Regen und Schnee – auf einem Motorrad

2 Lassen Sie einige TN ihre Lösungen vorlesen.
3 Lesen Sie dann noch einmal die richtige Version der Modelltexte vor.

Anmerkung: Die Aufgabe wird einfacher, wenn Sie im Kasten alle Wörter, die in Text A gehören, unterstreichen.

KV 45.2 MODELLTEXTE

Text A

Ich hätte Lust, mit dir einen Rock-and-Roll-Kurs zu besuchen.
Ich hätte Lust, mit dir auf einem Motorrad die Sahara zu durchqueren.
Es wäre schön, mit dir in ein teures Restaurant essen zu gehen.
Doch wir verbringen jeden Abend auf der Couch vor unserem Fernseher,
der seit kurzem 24 Programme empfangen kann.

Text B

Ich hätte Lust, bei dir im Bett zu schlafen,
Ich hätte Lust, mit dir auch bei Regen und Schnee spazierenzugehen,
Es wäre wunderbar, mit dir im Garten fangen zu spielen,
und ich hätte große Lust, mit dir die Katze unseres Nachbarn zu jagen,
doch ich bin nur dein Hund und muss froh sein,
wenn du mich einmal täglich in den Stadtpark führst.

C Kreatives Schreiben

1 Die TN sollen nun eigene Texte schreiben. Als Hilfestellung könnten Sie Folgendes an die Tafel schreiben:

> *Ich hätte Lust, ….*
>
> *Es wäre wunderbar, …*
>
> *Ich hätte auch immer Zeit, …*
>
> *Aber/Doch …*

VARIANTE

Wenn Sie die Modelltexte ein bisschen verändern, können Sie mit dieser Einheit unter anderem auch lassen *in der Bedeutung „jemanden auffordern" üben. Allerdings müssten Sie auch die einleitenden Übungen verändern, indem Sie den TN acht bis zehn* lassen*-Sätze in Form von Halbsätzen präsentieren, die richtig zusammengesetzt werden müssen.*

Lass uns doch spazierengehen, auch wenn es gerade stürmt und schneit,
lass uns doch im Garten fangen spielen
und lass uns gemeinsam die Katze des Nachbarn jagen.
Du wirst sehen, das wird dir Spaß machen,
auch wenn du nur ein Mensch bist und kein Hund, so wie ich.

*(Niveau: 1-2-**3**-4-5)*

46 Alles nur, um reich zu werden

Grammatik: *um zu*

Sprechintention: Absichten formulieren

Niveau: 1-2-**3**-4-5

Dauer: 50 Minuten

Materialien: Eventuell Liste der KV 46.1 auf Folie, Satzhälften aus der KV 46.2 auf verschiedenfarbigen Kartonkärtchen, eventuell Arbeitsblatt KV 46.3 in Klassenstärke

Vorbereitung: Schreiben oder kopieren Sie die Satzhälften der KV 46.2 auf Kärtchen; die der Gruppe A jeweils auf andersfarbige als die der Gruppe B (bzw. markieren Sie die Kärtchen der Gruppe A mit einem Kreis und die Kärtchen der Gruppe B mit einem Rechteck).

A Thematische Einstimmung

Prioritäten setzen

1 Präsentieren Sie den TN folgende Liste an der Tafel oder am OHP:

KV 46.1 LISTE

in der Schule bessere Noten bekommen	gut kochen können
viel Freizeit haben	viele Freunde haben
gut tanzen können	alleine wohnen können
gut aussehen	gesund sein
die neuesten Sportarten erlernen	schnell eigenes Geld verdienen
viel Taschengeld bekommen	unabhängig sein
gut essen	immer die neuesten CDs besitzen

2 Fordern Sie die TN auf, aus dieser Liste drei Dinge auszusuchen, die für sie wichtig sind, und drei Dinge, die für sie keine Bedeutung haben. Die TN sollen diese Tätigkeiten in zwei Spalten unter dem Titel *Es ist für mich wichtig, …* bzw. *Es ist für mich nicht wichtig, …* aufschreiben und dabei Infinitivsätze formulieren. Geben Sie an der Tafel ein Beispiel, das Sie anschließend erklären:

Es ist für mich wichtig,	Es ist für mich nicht wichtig,
gut kochen zu können.	immer die neuesten Sportarten zu erlernen

KL: „Für mich ist es wichtig, gut kochen zu können, weil ich nicht gerne in ein Restaurant essen gehe. Aber es ist für mich überhaupt nicht wichtig, immer die neuesten Sportarten zu erlernen. Das ist mir zu mühsam und kostet zuviel Geld."

Sprachsensibilisierung (optional): Siehe Seite 154.

3 Die TN tauschen in Dreiergruppen ihre Ergebnisse aus und begründen dabei ihre Entscheidungen.

Sein Ziel erreichen

1 Erklären Sie den TN, was Sie tun, um das, was für Sie wichtig ist, zu verwirklichen. Formulieren Sie einen Satz mit *um zu* und schreiben Sie ihn an die Tafel. Zum Beispiel:

Um gut kochen zu lernen, besuche ich einmal in der Woche einen Kochkurs an der Volkshochschule.

Sprachsensibilisierung (optional): Erklären Sie, dass Infinitivsätze mit *um zu* verwendet werden, wenn man das Ziel einer bestimmten Handlung beschreiben will. Die Bedeutung von *um zu* entspricht der Bedeutung eines Nebensatzes mit *weil* und *möchte*, z.B.: *Weil ich gut kochen lernen möchte, …*

2 Die TN sollen Sätze mit *um zu* formulieren, in denen sie beschreiben, was sie tun oder tun könnten, um das, was ihnen wichtig ist, zu erreichen. Anschließend lesen sie ihre Sätze vor.

Partnersuche

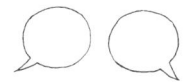

1 Teilen Sie an die eine Hälfte Ihrer TN jeweils die vorbereiteten Kärtchen der Gruppe A aus und an den Rest der TN jeweils die Kärtchen aus der Gruppe B. Die TN sollen versuchen einen Partner zu finden, mit dem sie einen sinnvollen Satz mit *um zu* bilden können. Geben Sie ein Beispiel:

(Monika) für Greenpeace arbeiten – gegen die Zerstörung unserer Umwelt kämpfen

Monika arbeitet für Greenpeace, um gegen die Zerstörung unserer Umwelt zu kämpfen.

2 Wenn sich alle Paare gefunden haben, lassen Sie die richtigen Sätze vorlesen.

KV 46.2 KÄRTCHEN

Gruppe A	Gruppe B
(Ich) – diesmal doch meine Aufgaben machen	nicht schon wieder im Unterricht negativ auffallen
(Ich) – die Bremsen meines Mountainbikes reparieren	beim nächsten Radausflug keine Probleme bekommen
(Franz) – Haare schneiden lassen	am Wochenende nicht in der Kaserne bleiben müssen
(Ich) – eine Karte an Onkel Martin schreiben	mich für das Geburtstagsgeschenk bedanken
(Karin) – ihre kleine Schwester vor den Fernseher setzen	endlich ungestört mit ihrer Freundin telefonieren können
(Ich) – einen Apfel zu Mittag essen	kein Geschirr abwaschen müssen
(Ich) – die Schule wechseln	endlich meine lästigen Lehrer loswerden
(Manfred) – den Pullover mit den weiten Ärmeln anziehen	beim Kartenspielen besser schummeln können
(Wir) – unsere Katze in den Keller lassen	unsere Mäuse loswerden
(Gerhard) – einen Kochkurs besuchen	von der Mutter unabhängiger werden

B Präsentation und Rekonstruktion des Modelltextes

1 Teilen Sie eine Kopie des Arbeitsblattes KV 46.3 aus oder schreiben Sie den Lückentext an die Tafel.
2 Lesen Sie den Modelltext vor. Die TN sollen dabei keine Notizen machen.
3 In Partnerarbeit sollen die TN anschließend versuchen, den Text zu rekonstruieren.

4 Fordern Sie einige TN auf, ihre Texte vorzulesen.

KV 46.3 ARBEITSBLATT

Er wanderte aus, _____,
ging nach _____, _____,
schuftete _____,_____,
machte alles, _____.
Er trug weiße _____, _____,
redete jedem nach dem Mund, _____,
baute sich _____am Strand, _____.
Und nun _____,
warum er unglücklich ist.

KV 46.4 MODELLTEXT

Er wanderte aus, um die Welt kennenzulernen,
ging nach Amerika, um reich zu werden,
schuftete Tag und Nacht, um die erste Million zu verdienen,
machte alles, um berühmt zu werden.
Er trug weiße Anzüge, um aufzufallen,
redete jedem nach dem Mund, um beliebt zu sein,
baute sich ein Haus am Strand, um anerkannt zu werden.
Und nun denkt er darüber nach,
warum er unglücklich ist.

C Kreatives Schreiben

Die TN schreiben auf der Basis des Modelltextes eigene Texte.

VARIANTE

Wenn Sie den folgenden alternativen Modelltext verwenden und die Sätze aus den einleitenden Übungen ein wenig ändern, können Sie mit dieser Unterrichtseinheit auch Nebensätze mit damit *üben. Sie können Damit-Sätze auch kontrastiv zu Infinitivkonstruktionen mit* um zu *präsentieren.*

Nebensätze mit damit

Sie bügelt stundenlang Hemden, damit ihr Mann in der Firma einen guten Eindruck macht.
Sie kontrolliert täglich Hausaufgabenhefte, damit die Kinder in der Schule keine Probleme bekommen.
Sie probiert regelmäßig neue Kochrezepte aus, damit ihre Schwiegermutter sie für eine tüchtige Hausfrau hält.
Sie geht wöchentlich ins Fitnessstudio, damit ihr Mann mit ihrer Figur zufrieden ist.
Und sie macht in der Firma Überstunden, damit ihr Chef sie lobt.
Alle bewundern sie,
aber sie selbst fragt sich immer öfter,
was ihr fehlt, um glücklich zu sein.

*(Niveau: 1-2-3-**4**-5)*

Sprachsensibilisierung (optional): Weisen Sie darauf hin, dass Infinitivsätze mit *um zu* nur dann verwendet werden können, wenn das Subjekt des Hauptsatzes auch Subjekt des Infinitivsatzes ist.

Bibliographie

Dahl, J./Weis, B. (Hrsg.) (1988): *Grammatik im Unterricht.* München: Goethe-lnstitut

Davis, P./Rinvolucri, M. (1988): *Dictation.* Cambridge: CUP

Eppert, F. (1988): *Grammatik lernen und verstehen. Ein Grundkurs für Lerner der deutschen Sprache.* Stuttgart: Klett Verlag

Frank, C./Rinvolucri, M. (1987): *Grammar in Action.* New York: Prentice Hall

Fremdsprache Deutsch. Zeitschrift für die Praxis des Deutschunterrichts, Heft 9/1993: „Lebendiges Grammatiklernen". München: Klett Edition Deutsch

Funk, H./Koenig, M. (1991): *Grammatik lehren und lernen.* München: Langenscheidt Verlag

Kars, J./Häussermann, U. (1988): *Grundgrammatik Deutsch.* Frankfurt: Diesterweg Verlag

Klauser, H. A. (1986): *Writing on Both Sides of the Brain. Breakthrough Techniques for People Who Write.* New York: Harper and Row

Kuskin, K. (1980): *Dogs and Dragons, Trees and Dreams.* New York: Harper and Row

Latour, B. (1988): *Mittelstufengrammatik für Deutsch als Fremdsprache.* München: Hueber

Legutke, M./Thomas, H. (1991): *Process and Experience in the Language Classroom.* Harlow: Longman

Maley, A./Duff, A. (1989): *The Inward Ear.* Cambridge: CUP

McGough, R./Rosen, M. (1981): *You Tell Me.* Harmondsworth: Puffin Books

Nieder, L. (1987): *Lernergrammatik für Deutsch als Fremdsprache.* München: Hueber

Portmann, P. R.: „Produktiver Sprachgebrauch. Überlegungen zu einem schwierigen didaktischen Konzept", in: *Deutsch als Fremdsprache* 3/1993, S. 139–145

Rinvolucri, M. (1984): *Grammar Games.* Cambridge: CUP

Stevick, E. (1989): *Success With Foreign Languages.* New York: Prentice Hall

Ur, P. (1988): *Grammar Practice Activities.* Cambridge: CUP

Register

Abkürzungen: UE = Unterrichtseinheit, Var. = Variante

Adjektiv – attributive Verwendung UE 13, Var.; UE 28, Var. 2; UE 32, Var. 1; UE 33, Var.; – Komparation UE 30; UE 31

Akkusativ UE 1, Var.; UE 11; UE 13; UE 25, Var. 3; UE 27, Var. 1

Akkusativ oder Dativ? UE 3, Var. 1

Artikel, indefiniter – UE 11, Var. 1; **definiter** – UE 11, Var. 2

Attributkonstruktionen, – Genitiv UE 14; UE 26; – **Präpositionalattribute** UE 29, UE 26, Var. 1–2; UE 27; – **andere** UE 32; UE 43 (s. a. Adjektiv und Relativsatz)

Dativ oder Akkusativ? UE 3, Var. 1

Demonstrativpronomen UE 28, Var. 1

Fragepronomen UE 28 *(welch-)*; UE 42; UE 42, Var. 2 *(wo-* + Präposition)

Fragesätze UE 34; UE 38, Var.; **indirekte** – UE 34, Var. 1; UE 38

Futur I UE 8; UE 6, Var. (beide modale Bedeutung); UE 29

Futur II UE 8; UE 8, Var. 2 (beide modale Bedeutung)

Genitiv UE 14; UE 26

Imperativ UE 2, Var. 1-3; UE 15, Var.2; UE 25, Var. 1; UE 37, Var. 3

Indirekte Rede UE 20

Infinitiv UE 17; UE 25, Var. 3; UE 28, Var. 3

Infinitivsätze UE 15, Var. 3; UE 45

Inversion UE 33

Komparativ UE 30; UE 30, Var. 1; UE 31

Konditionalsätze UE 39 (mit Indikativ); UE 14; UE 16; UE 17 (jeweils mit Konj. II Präsens); UE 18 (Konj. II Perfekt); UE 19, Var.

Konjunktiv I UE 20 (indirekte Rede)

Konjunktiv II UE 37, Var. 2; **bei Modalverben** UE 8, Var. 1; UE 15; UE 38, Var.; **Präsens** UE 11; UE 12; UE 13; UE 14; UE 15; UE 17; – **der Vergangenheit** UE 12, Var. 1; UE 16, Var.; UE 18; UE 19; – **der Vergangenheit + Modalverb** UE 12, Var. 2; UE 15, Var. 5; UE 16, Var.

Konjunktoren, zweigliedrige UE 44, Var.

Mengenangaben UE 25

Modalverben UE 6, Var.; UE 8, Var.1; UE 10 (Futur, Perfekt); UE 35, Var. 3 (Präteritum); UE 10, Var. (Präteritum, Präsens); UE 12, Var. 3 (Präteritum); UE 15, Var. 4 und 5 *(müssen/sollen);*

UE 23 *(müssen/sollen);* UE 23 Var.; UE 37 *(mögen/möchten)*

Nebensätze UE 4 (Präsens *wenn/während)*; UE 24; **adversative** – UE 35; UE 36 *(obwohl);* **finale** – UE 46 *(um zu);* UE 46, Var. *(damit);* **kausale** – UE 36; **konsekutive** – UE 7; **temporale** – UE 7; UE 9 *(nachdem);* UE 9, Var. 1; UE 40 *(während);* UE 19 (als); UE 19, Var. *(immer wenn);* **uneingeleitete** – UE 14, Var.; – **mit *wenn/dass*** (Korrelat *es)* UE 37; UE 40 *(denken an/daran denken, dass);* UE 43 *(sich daran erinnern, dass);* (s. a. Relativ- und Konditionalsätze)

Negation: UE 1; UE 11, Var. 2

Nomen UE 24, Var. 1-3; UE 27, Var. 1; **Nomen + Artikel** UE 11;

Partizipialattribut UE 32

Passiv UE 25, Var. 2; **Perfekt** UE 21, Var. 2; **Passiv Präteritum** UE 21; UE 22 (unpersönliches *es);* + **Modalverb *müssen*** UE 23; UE 23, Var. 2 *(sein + zu* + Inf.) und Var. 3 *(lassen)*

Perfekt UE 5; UE 6; UE 24; UE 25; UE 35; UE 35, Var. 1; UE 9, Var. 3 (Vorzeitigkeit); **Perfekt + Modalverben** UE 10; UE 35, Var. 2

Personalpronomen UE 24

Plusquamperfekt UE 9

Possessivpronomen UE 24, Var. 1–3

Präpositionen UE 29 (Wechselpräpositionen); **temporale** UE 9, Var. 2

Präpositionalattribute UE 26, Var. 1–2; UE 27; UE 29, Var. (beide mit Dativ), UE 40 *(bei)*

Präsens UE 4; Präsens als Erzählzeit UE 7, Var.; UE 22, Var. *(man)*

Präteritum UE 7, UE 16 (Konjunktiv II vs. Präteritum)

Pronominaladverbien UE 42

Relativadverbien UE 42, Var. 3

Relativpronomen UE 39, Var.; UE 42, Var. 1; **generalisierendes** – UE 42

Relativsätze UE 26, Var. 3-4; UE 29, 2. Teil; UE 30, Var. 2; UE 32, Var. 2; UE 39, Var.; UE 41; UE 42; UE 43;

Subjekt, Übereinstimmung mit Verb: UE 1

Superlativ UE 30; UE 30, Var. 1–2

Verben: nominalisierte – UE 14; UE 42; **reflexive** – UE 3, Var. 2; **trennbare** – UE 2, **Valenz** (Dativ/Akkusativ) UE 3; – **im Infinitiv s. Infinitiv**

Zeitangaben UE 4; UE 39